THIERRY ANNE

Gratitude et anniversaire

La revue *Christus* vient de souffler sa soixante-dixième bougie : un bel âge qui est notre premier motif de gratitude. *Christus* a en effet traversé à bonne hauteur des périodes heureuses et houleuses de la vie du monde, de la vie de l'Église, de la vie de foi de nos contemporains.

« Saint Ignace eût aimé notre temps », lisait-on dans le préliminaire du numéro de janvier 1954. « Devant la gravité parfois exceptionnelle des problèmes qui se posent à nos consciences, il nous a semblé que l'heure était éminemment favorable pour marquer l'actualité de son message. [...] C'est dans ce but que nous présentons aujourd'hui, à tous ceux qui aiment réfléchir sur les réalités où se trouve engagée leur vie chrétienne, une revue qui voudrait les aider dans leur prière et leur action. » *Christus* sera donc une revue de spiritualité, et une revue ignatienne.

La rédaction se sent encouragée par vous, lecteurs, à tenir dans cette mission qui nourrit votre vie spirituelle et soutient vos engagements si divers dans l'Église et le monde. Vous nous l'avez manifesté par vos nombreuses réponses à l'étude menée au printemps dernier et par vos dons généreux reçus ces derniers mois.

Nous allons donc de l'avant ! Un nouveau site internet a été mis en ligne au début de janvier 2024. La *newsletter* a été remaniée au printemps dernier. Nous serons heureux enfin de vous présenter en juillet 2025 une version renouvelée de la revue papier, avec des rubriques originales, qui encadreront le dossier thématique qui fait toute la valeur de la revue.

Ces projets n'auraient pas abouti sans votre soutien financier : c'est un second motif de gratitude. Oui, soyez remerciés chacun pour votre présence à nos côtés.

Puisse l'année 2025 vous être tout aussi propice ! Nous vous donnons rendez-vous le 15 janvier pour une soirée anniversaire à la librairie *La Procure*, à Paris.

SOMMAIRE • N° 285 • JANVIER 2025

PROCHAIN NUMÉRO :
L'âme

www.revue-christus.com

Vraie Lumière celle qui jaillit de la Nuit,
et vraie Nuit, celle d'où jaillit la Lumière
François Cheng
N. Fréour

Avancer dans la nuit

« Vraie lumière
Celle qui jaillit de la nuit,
Et vraie nuit,
Celle d'où jaillit la lumière. »

François Cheng

Nathalie Fréour, « Vitraux, esquisses pour sept chapelles de Notre-Dame, septième chapelle, saint Paul Tchen », pastel sur papier noir, 2024.

SŒUR THÉOPHANE BROUZET
Moniale bénédictine à l'abbaye Notre-Dame de Jouarre (77), accueille les groupes et les visiteurs, étudiante aux Facultés Loyola Paris dans le domaine de la théologie biblique.

PIERRE ALEXANDRE COLLOMB
Jésuite, étudiant en master 2 en théologie des arts à l'Institut catholique de Paris (ISTA), peintre et graveur. Paru dans *Christus* « La foi au rythme du corps » (n° 280, octobre 2023).

DOMINIQUE GAUCH
Psychanalyste et théologienne, intervient auprès de différents groupes à côté de sa pratique libérale. A publié *Entre rêve et foi, où se tient le sujet du désir ?* (Érès, 2017) et *Quel enfant parle en moi ?* (Labor et Fides, 2023).

FAKER KORCHANE
Professeur de philosophie et théologien, fondateur de l'Association pour la renaissance de l'islam mutazilite. A publié *Qu'est-ce qu'un islam libéral ?* (avec Baudoin Heuninckx, Omero Marungiu-Perria et Michael Privot, Atlande, 2023) et *Épître aux musulmans perplexes, Réflexions pour un islam rationnel* (Atlande, 2024).

ANNE LÉCU
Religieuse dominicaine, médecin en prison et chroniqueuse dans *Études* et *Prions en Église*. A publié *Afin que vous donniez du fruit* (Cerf, 2022) et *L'ennéagramme n'est ni catho ni casher* (Cerf, 2023). Paru dans *Christus* « Se tenir au milieu des autres » (n° 279, juillet 2023).

STÉPHANIE LIBREROS
Artiste plasticienne et aide-soignante diplômée, a exercé en unité de soins palliatifs et auprès de personnes âgées, intégrant cette expérience dans sa pratique artistique pour exprimer la profondeur du soin, notamment par la série « Fenêtres sur intérieur soignant ».

CLAUDE LICHTERT
Prêtre, bibliste à Bruxelles, chargé de cours et aumônier aux cliniques universitaires Saint-Luc (UCLouvain). A publié *La parabole du fils prodigue, Lectures plurielles* (L'Harmattan, 2022) et *Vers un paradis urbain, Approche littéraire de la ville dans la Bible* (Éditions jésuites, 2024). Paru dans *Christus* « Un Dieu que l'on ne présente pas » (n° 283, juillet 2024).

RÉMI-MICHEL MARIN-LAMELLET
Dominicain, poursuit ses études de théologie à l'Université de Fribourg. A publié *La ténèbre n'est point ténèbre* (Cerf, 2023) et *Comme la voix des océans* (Cerf, 2024).

DENIS MOREAU
Professeur d'histoire de la philosophie moderne et de philosophie de la religion à l'université de Nantes. A publié *Y a-t-il une philosophie chrétienne ?* (Seuil, 2019) et *Résurrections, Traverser les nuits de nos vies* (Seuil, 2022).

CHRISTOPHE PICHON
Bibliste, enseigne le Nouveau Testament aux Facultés Loyola Paris. A publié *Au creux du malheur, la lumière ? À l'écoute de ceux qui passent par le gouffre* (avec Laure Blanchon, Jean-Claude Caillaux et Christophe Pichon, Éditions jésuites, 2024). Paru dans *Christus* « Qui m'a vu a vu le père » (n° 280, octobre 2023).

NAYLA TABBARA
Théologienne, professeure en Sciences des religions et études islamiques à la Faculté des Sciences religieuses de l'Université Saint-Joseph (Beyrouth), cofondatrice et présidente de la Fondation Adyan et coprésidente de « Religions pour la paix ». A publié *L'islam pensé par une femme* (Bayard, 2018).

DOMINIQUE TRINQUAND
Général de l'armée française, a commandé un bataillon au Liban (1991-1992) et participé à la crise en ex-Yougoslavie (1993-1995), occupe plusieurs postes au sein de l'OTAN, de l'Union européenne et de l'ONU. A publié *Ce qui nous attend* (Robert Laffont, 2023) et *D'un monde à l'autre* (Robert Laffont, 2024).

CHARLES WRIGHT
Écrivain et journaliste. A notamment publié *Le chemin du cœur* (biographie du moine André Louf, Salvator, 2017), *Le chemin des estives* (Flammarion, 2021) et *Le jardin anglais* (Albin Michel, à paraître en avril 2025).

AGNÈS MANNOORETONIL

Avancer dans la nuit

Qui sait encore ce qu'est la nuit noire, l'obscurité complète qui fait perdre courage et douter de l'existence du monde alentour ? Qui a encore besoin de la lumière de la lune et des étoiles pour avancer dans la nuit ? Dans les villes, les frayeurs et les dangers de la nuit ont été vaincus par l'éclairage public. Mais la nuit, même éclairée, reste la nuit. Ceux qui souffrent le savent mieux que les autres : à l'hôpital, en prison, sous les bombes et les tirs de drones, entre les murs de la dépression et de la solitude, l'attente angoissée du jour à venir est parfois insupportable. La nuit réveille toutes nos fragilités.

Cette expérience universelle est aussi celle que nous vivons collectivement. Devant l'accumulation des malheurs qui s'abattent sur le pauvre monde, nous vient du fond des âges ce cri d'un peuple assiégé : « Veilleur, où en est la nuit ? » (Is 21, 11). Quand donc se lèvera le jour ? Ce dossier, à travers des portraits et des témoignages, invite à garder les yeux ouverts sur les ténèbres qu'endure l'humanité. Soulever le voile que la nuit pose sur les travailleurs de l'ombre et sur les désespérés, c'est déjà allumer une lumière.

Mais la nuit nous est aussi donnée comme un grand mystère à vivre. Créée comme le jour, dans une immuable alternance avec lui, elle ouvre tous les soirs une porte vers d'autres dimensions de la vie. La prière nocturne la fait tout particulièrement connaître. La nuit, comme l'écrit sœur Théophane, « il y a de la place autant sur nos lèvres que dans nos cœurs ». Cette place, qui l'occupera ? Quels combats s'y livreront ? Quelle parole s'y fera entendre ?

Parmi nous, il en est Un qui a éprouvé notre condition jusque dans les longues heures de l'agonie. Jésus a traversé « la grande angoisse et la grande solitude » pour que tous, même lorsque la traversée est incertaine, nous puissions avancer dans la nuit. La méditation du frère Christian de Chergé, « Jésus “de nuit” », au cœur de ce dossier, nous rappelle qui nous accompagne toujours au cœur des longues nuits. Dans l'attente de l'aube.

DOMINIQUE GAUCH

Bonne nuit, mon enfant, à demain matin

Nuit, entre vertige et promesse

Plonger dans le sommeil de la nuit est une aventure parfois effrayante. Pourtant un mieux se joue là, si nous consentons à opérer un travail d'interprétation. Une capacité de vie plus grande peut en découler, nous faisant naître au jour suivant, accompagné de Celui qui est avec nous jusqu'à la fin des temps.

« Bonne nuit mon enfant, à demain matin. » Ces mots ont pour moi le goût de l'enfance, prononcés, presque psalmodiés, par une tante, aimée, aimante ; mots attendus à chacun de ses séjours, mots répétés d'année en année, préservant le lien entre départ et retour, absence et présence, soir et matin. La voix qui les portait reste toujours présente en moi, des décennies plus tard. Pourtant rien d'extraordinaire, me direz-vous. Seulement de l'ordinaire. Mais la voix de cette tante ne nous intimait pas, à mes sœurs et moi, l'ordre d'aller nous coucher mais elle nous accompagnait, par sa vibration, son chant, à l'inouïe tâche de convertir nos cauchemars familiers en confiance et joie. Au moment même où l'enfant que j'étais allait glisser dans le sommeil, au risque du noir, du vide, du nu, elle garantissait la présence affectueuse et joyeuse de cette *autre*,

« le tout proche », sans attente à mon égard, sans autre désir que celui d'une nuit douce et bienveillante et la promesse du lendemain. Alors, il devenait plus doux de se porter soi-même, jusque dans les ténèbres, dans la confiance d'être remis au jour du monde, au matin suivant.

Entre nuit et jour, nous sommes appelés à vivre cette mise au monde sans cesse renouvelée. Une descente dans la profondeur de notre vie psychique.

Consentir à la nuit est une nécessité

Consentir à la nuit relève, pour certains enfants, d'un épouvantement. L'enfant nous rappelle qu'il n'y a là rien d'évident. Il nous le rappelle par ses pleurs, ses rites : « Une histoire... Une autre histoire... Encore une histoire... » La patience de l'adulte est mise à l'épreuve. Plus que l'histoire, c'est la voix de l'adulte, la chaleur de son corps, sa présence qui préparent l'enfant à lâcher la rive de la réalité pour, tout doucement, glisser dans les ténèbres, le silence et la solitude de la nuit. Je connais une petite fille – elle avait trois ans – qui, épuisée, après avoir lutté contre cette force d'enténèbrement qu'est le sommeil, me dit : « Tu restes à côté de moi jusqu'à ce que je sois endormie et puis tu pourras partir. » Cette enfant, sans pouvoir encore le penser, témoignait de notre humanité, vouée à l'altérité, et cela depuis ses commencements. Elle avait encore besoin d'inscrire en elle le primat de l'autre extérieur, jusqu'au jour où elle pourra rejoindre en elle la racine secrète de son « for intérieur », une étrange présence, injustifiable, impossible à prouver mais éprouvée secrètement. Nous nous éveillons à la vie, portés par les mains, la voix, les bras de ces *autres* indispensables au nourrisson, portés, enveloppés dans leur tissu psychique fait de la confusion de leurs désirs à notre égard. Nous ne devenons que dans l'extrême dépendance, voire l'aliénation, à cet Autre (que je n'hésite pas à écrire avec une majuscule), tout proche et insaisissable. L'Autre, écrit avec une majuscule, est un concept à la frontière séparant le domaine d'expérience de la psychanalyse (expérience de l'inconscient) et le domaine de l'expérience de la foi biblique (expérience du mystère de l'Autre de la foi). Deux domaines qui ne peuvent se substituer l'un à l'autre et qui, pour certains, constituent le fondement du sujet, une confiance sans garantie en une présence éprouvée jusqu'au cœur des tourments d'une histoire et de l'absence. Sur le versant de la vie psychique et de la psychanalyse, cette place de l'Autre est première, celle sur laquelle se forme le désir de l'enfant qui fait appel à lui. Cet Autre est d'abord nos autres dans leur présence concrète, puis il devient ce lieu psychique énigmatique, propre à un sujet, traces de mots prononcés par ces autres des commencements, entendus dans leurs sous-entendus, éprouvés par-delà l'absence, les sons, les images, les odeurs, les affects… empreintes inaltérables de leur présence heureuse ou douloureuse. Je n'entrerai pas ici dans la théorie psychanalytique de l'inconscient. L'Autre est fait de ces traces signifiantes par lesquelles nous nous édifions au fil de notre histoire. Un Autre à l'intime et pourtant hors d'atteinte. Nous ne devenons pas dans la possession et la saisie de ce qui nous est cher mais à l'épreuve de l'insaisissable, pourtant concret dans ses effets de vie. Ce mouvement entre nuit et jour, possession et lâcher prise se fait lieu, source de sens. Il est Notre Autre, l'inconscient. Il est un autre domaine de l'altérité, le domaine de la foi… L'Autre qui fait appel n'est plus les autres mais Dieu, Jésus Christ… Un mystère, lui aussi concret dans ses effets de vie. Une source vive, qui coule, qui coule…

Ce mot « Autre » fait entendre, dès l'aube, que notre humanité est « éternellement candidate à l'altérité ». L'Autre est cette instance qui fait appel à notre désir, désir de vivre, désir d'aimer. Ainsi allons-nous, dans la conversion de nos cauchemars familiers en rêves, de nuit en jour, d'aliénation en altérité libératrice.

Le temps du rêve

Il y a de douces nuits, des nuits bienveillantes ouvrant sur nos « premiers matins ». Il y a des nuits noires, sans rêves, dans lesquelles nous sombrons épuisés de fatigue, de chagrin… Il y a des nuits d'oubli, des nuits d'abrutissement.

Des nuits blanches. Des nuits d'amour, apaisant la faim des corps. Des nuits héritées du jour, avec leurs joies, leurs peines, leurs blessures, leur incertain.

Nous sommes dans l'erreur si nous pensons que le noir de la nuit se fait silence, solitude, désert.

Il y a des nuits qui nous sauvent de nos nuits. Des nuits qui offrent, enfin, un temps d'écoute de ce « for intérieur » trop souvent écrasé, oublié ou ignoré, toujours délaissé au cours de ces jours abreuvés de bruit, de discours, d'images d'un « for extérieur » insatiable, boulimique tant il craint le creux, le manque.

Des nuits où se met en scène une autre histoire de nous-mêmes, passé, présent, futur étrangement mêlés. Nous en sommes tout à la fois les spectateurs, les réalisateurs et les acteurs. Ces nuits qui déroulent, sous nos yeux fermés, l'étrange spectacle de nos désirs les plus fous, les plus subversifs, les plus secrets. Temps du rêve. La nuit ouvre à l'autre temps de notre vie psychique, ce temps de l'inconscient qui, dit-on, n'a pas de temps, qui n'a pas d'autre espace si ce n'est celui de notre vie psychique, d'autre réalité si ce n'est celle de nos affects et représentations tenus à « l'isolement » durant le jour. L'inconscient n'est pas seulement refoulé ; il n'est pas seulement *inquiétante étrangeté*, refusée le jour par la conscience, quitte à dresser des murs d'hostilité pour maintenir ce migrant à l'extérieur de notre territoire de certitudes ; l'inconscient est une source vive qui coule la nuit, irriguant les nappes souterraines de notre conscience et, si nous acceptons de le prendre au sérieux, de lui permettre d'infiltrer les différentes strates de la conscience, il rendra fertile la perception que nous avons de nous-mêmes. Mais il ne faut pas avoir peur de ce qui jusque-là était enfoui, éprouvé sous la forme d'incompréhensibles angoisses, nourrissant parfois la peur d'être fou, produite par l'écart entre ce que le sujet éprouve de lui-même en contradiction radicale avec ce qui est attendu par les autres, par le champ social, ses normes. La nuit non seulement ravive ces perceptions intérieures mais permet de les « voir », sous la forme d'étranges scénarios. Et si on consent à l'effort d'interprétation, de compréhension du message de ces rêves si souvent ridicules, il devient possible d'en récolter un gain de sens, de lucidité et de discernement. N'est pas fou celui qui craint de l'être, car hors des normes. Il peut – s'il dépasse sa peur, sa honte d'être qui il est – se découvrir *autre*, différencié d'une pensée générale. Il est ce « Je suis », en devenir, en « exode ».

Dans l'ordinaire de nos nuits, ce n'est pas le gouffre que nous affrontons. Le sommeil n'est pas la mort. Une porte intérieure s'ouvre sur un étrange spectacle, un monde nourri de motifs de la réalité de nos jours, un monde qui désarçonne toutes nos logiques. Un monde de passions inavouables où se déploient – pour les enfants, ce sera sous la forme de figures terrifiantes (crocodiles, dragons, loups) – la cruauté muselée le jour, la haine, la possessivité d'un amour dévorant, cannibale, l'embrasement de la jalousie, le désir de supprimer le rival ou la rivale, et enfin jouir de l'apaisement de ces forces sauvages qui irriguent notre tissu psychique et troublent la machine de nos corps. Le monde de nos nuits nous raconte de drôles d'histoires sur nous-mêmes, nous guérit de la lâcheté de nos illusions. Il est une richesse de connaissance de soi, de possible authenticité, si nous consentons à écouter, décrypter, traduire ce qui, la nuit, se donne comme énigme. La nuit ouvre, par ses images énigmatiques, l'oreille intérieure. Et ce paradoxe des sens permet, le jour venu, que la langue ramène à la lumière des mots ce que l'œil de la nuit a vu et l'oreille intérieure entendu. Le travail du rêve est de passer de l'oreille intérieure à l'œil intérieur, et ainsi permettre à la langue de traduire, interpréter, offrir son trésor de sens. Nous aurions tort de jeter aux orties ce qui fit le génie de Freud, l'inouï de sa découverte préservée par la tradition psychanalytique. Freud a rouvert le livre de nos nuits, dans un langage qui rend chacun à son histoire, à sa vie intérieure. Ainsi nous a-t-il paradoxalement donné la possibilité de nous libérer de nos maîtres et d'une aliénation inévitable des commencements. La liberté d'être est une tâche existentielle, difficile. Mais n'est-elle pas *le plus important* ? Oser devenir à l'épreuve de l'incertain de nos nuits, de nos ténèbres ; chercher en tout lieu et tout sentier, porté par la promesse énigmatique : « Et voici que moi, je suis avec vous tous les jours jusqu'à la fin du monde » (Mt 28, 20).

Et le jour se lève

L'histoire, *mon* histoire, prend sens. Et je n'ai plus peur aux frontières mouvantes de mon être. Me voilà de retour, au petit matin, riche de presque rien, une impression, une ambiance intérieure, un apaisement inexpliqué. Ce que nous lâchons la nuit tombée, lorsque nous consentons au sommeil, nous dépose sur la rive d'un nouveau jour, étonnamment reposés après la traversée du chaos, riches de ce que désormais nous pouvons accueillir : un gain de connaissance de soi.

Cette écoute n'est pas au service du Moi narcissique, seulement occupé de lui-même, aveuglé par son image, sourd à ce qui se murmure en lui, nuit après nuit. Cette écoute, dans la prise au sérieux de l'énigmatique inconscient de nos nuits et la prise au sérieux du mystère de la promesse biblique, est au service du Je, cet unique parmi des uniques.

Entre Moi et Je, le trait d'union n'est pas une évidence, mais un profond travail d'écoute, ouvrant au courage de la recherche, à l'inconfort des questions, à l'importance de l'inutile, à l'inouï de la promesse de Jésus. Travail d'intériorisation, travail d'incarnation. Entre nuit et jour surgit de nos eaux profondes la question : « Qu'est-ce qui me rend vraiment vivant ? » À question singulière, réponse singulière. Reste la peur de descendre : « Abandonner la surface soit pour monter soit pour descendre est une aventure. La descente surtout est un acte grave » (Victor Hugo).

Le Dieu biblique, Lui, nous désire à son image, en devenir : « Je suis celui qui est et sera. » Avec Lui, notre identité est toujours « transidentité », portée par l'inaccompli, entre appel et réponse. L'important est de marcher, marcher, entre nuit et jour. Aimer marcher, traverser la nuit pour naître au jour suivant. Aimer comme aime un enfant, de tout son cœur, de toute son âme : « Je crois qu'elle coule la source vive, qu'elle coule, qu'elle coule, mais c'est la nuit » (saint Jean de la Croix).

CLAUDE LICHTERT

Il n'y aura plus de nuit

Voici une présentation des nuits multiples que la Bible raconte, de l'origine à la création nouvelle. Nuits troublantes ou tragiques qui finissent par laisser place à la lumière, dont Jésus est par excellence le chemin. Encore faut-il oser affronter la nuit, pour recevoir la grâce de la traverser.

Nous sommes au début du livre de la Genèse. La lumière ne met pas longtemps à paraître. Quoi de plus normal pour un récit de Création ? Elle en constitue la première étape, défiant le chaos, c'est-à-dire ce qui ne permet pas à la création de se développer et d'abord à ses éléments de se différencier les uns des autres (Gn 1, 2-3). Car la lumière permet de distinguer. Conduire à voir peut faire de la lumière la source de toute création et c'est peut-être pour éviter cette méprise qu'elle-même est vue par celui qui exerce sa douce maîtrise sur la création : oui, Dieu voit la lumière et « c'est bien » (Gn 1, 4a). Ainsi s'inaugure l'espace de vie qui se déploie selon un double principe incontournable, à savoir la séparation – qui évite la confusion du chaos – et l'alternance – qui consacre la différence. La limite étant ainsi posée par l'unique parole, aucun élément de la création ne peut être considéré comme le tout, c'est même leur complémentarité qui est soulignée.

La première séparation ou distinction concerne la lumière et la ténèbre (Gn 1, 4b). Si la lumière est considérée comme bonne, le texte ne précise pas que la ténèbre est mauvaise. Toutefois, isolée, cette dernière ne peut constituer un élément de vie, ce que souligne d'ailleurs l'apôtre Paul dans certaines de ses lettres (Rm 13, 12; 1 Th 5, 5). La lumière et la ténèbre s'inscrivent dans une alternance qui rythme le temps. La séparation étant établie, Dieu peut à présent nommer ces éléments. Après avoir appelé la lumière « jour », Dieu nomme la ténèbre « nuit » (voir Ps 104 [103], 20). Plus loin, le psalmiste défiera cette séparation initiale en rendant hommage au Seigneur grâce auquel la lumière du soleil perce jusqu'aux ténèbres de la nuit: « Et la nuit sera lumière autour de moi [...] et la nuit comme le jour éclaire, comme la ténèbre, ainsi la lumière » (Ps 139 [138], 11-12).

Le temps des basculements

Le premier jour se conclut avec un refrain qui sera repris à la fin de chacun des six jours de la Création: « Il y eut un soir et il y eut un matin. » Cette formule répétée n'est-elle pas curieuse ? Pourquoi commencer par le soir et non, en toute logique, par le matin ? Est-ce parce que, dans le récit de la Création, la ténèbre précède la lumière (Gn 1, 2) ? Commencer par le soir ne met-il pas plutôt en évidence l'enjeu de la vigilance du vivant lorsque les repères visualisés par la lumière manquent ?

Que le lecteur scrute les indices en parcourant différents épisodes de la suite du récit de la Genèse: c'est au soir que Noé est informé de la décrue qui fait suite au Déluge (Gn 8, 11); à Sodome, c'est au soir que les deux messagers rencontrent Lot (Gn 19, 1); c'est au soir que le serviteur d'Abraham, à la recherche d'une épouse pour Isaac, rencontre au puits Rébecca venue puiser de l'eau (Gn 24, 11), comme ce sera le cas d'Isaac lui-même par la suite (Gn 24, 63); à la génération suivante, c'est au soir que Laban présente sa fille Léa à Jacob (Gn 29, 23) et que Jacob s'unit à elle (Gn 30, 16). On le remarque, le soir introduit une forme de basculement, convoque le devoir de vigilance car la nuit réserve de nombreuses surprises entraînant le repositionnement des personnages. Au matin, les jeux sont faits, du moins dans une certaine logique narrative, comme en témoignent le regard d'Abraham sur Sodome (Gn 19, 27), la convocation d'Abimélek à la suite de la tromperie d'Abraham (Gn 20, 8), le renvoi d'Agar par Abraham (Gn 21, 14), le départ de celui-ci prêt à sacrifier son fils (Gn 22, 3), le serment entre Abimélek et Isaac (Gn 26, 31), l'initiative de Jacob, réveillé de son songe (Gn 28, 18), sa prise de conscience après avoir passé la nuit avec Léa (Gn 29, 25), le départ d'Égypte des frères de Joseph (Gn 44, 3).

Pour revenir au récit de la Création, au quatrième jour, il est précisé que la nuit est « gouvernée par le petit luminaire » (Gn 1, 16). Le Créateur délègue ici son pouvoir à un astre qui est chargé de perpétuer son acte inaugural, même durant la nuit. Cet astre n'est pas nommé, pour ne pas restreindre l'imaginaire du lecteur à ce qu'il perçoit être la lune. Aussi le luminaire renvoie-t-il plus subtilement aux lampadaires du sanctuaire de Jérusalem, témoins de la présence lumineuse de Dieu. La lumière ne provient pas des astres mais ceux-ci la reçoivent de Dieu. Aussi, pareille gouvernance témoigne que la nuit n'est pas laissée à elle-même, qu'elle n'a pas de pouvoir propre.

Les ambiguïtés nocturnes

La nuit est le temps de l'ambiguïté, comme l'illustre si bien l'épisode racontant l'altercation entre Lot et les habitants de Sodome (Gn 19, 5). Assis au portail de la ville, Lot accueille deux messagers (Gn 19, 1). Il va à leur rencontre, leur manifeste un grand respect et les invite à passer la nuit chez lui. Le festin que Lot offre souligne sa générosité dans l'accueil qu'il dispense. La suite (Gn 19, 4-11) va toutefois montrer un contraste total avec cette scène. Dans le calme du soir, la maison de Lot est subitement encerclée par les habitants de la ville qui se méfient des étrangers qui sont, pour eux, des ennemis potentiels. En conséquence, les visiteurs sont interrogés et même éprouvés, permettant aux habitants de Sodome d'affirmer leur suzeraineté et leur pouvoir. Cependant, Lot comprend différemment cette démarche. Il l'interprète de façon morbide, comme un abus, transformant la menace extérieure en péril pour sa propre maisonnée, probablement parce qu'il est lui-même un étranger. Finalement, dans une certaine confusion, les messagers étrangers parviennent à se débarrasser de ceux qui les menaçaient.

Contraint par les deux messagers de quitter Sodome, Lot s'installe finalement dans une grotte, avec ses deux filles qui prennent les choses en main (Gn 19, 30-31). C'est là que l'isolement ou le repli dans lequel les trois personnages s'enferment va créer artificiellement le manque à combler, à savoir donner une descendance à Lot. Alors que leur père avait proposé de faire de ses filles les jouets sexuels de la luxure des habitants de Sodome, à leur tour celles-ci le traitent en objet passif de leur désir incestueux. Elles parviennent à leur fin par ruse et manigance. On le remarque, la nuit – si lourdement mentionnée dans cet épisode (Gn 19, 33.34.35) – offre le cadre du stratagème consistant à neutraliser l'autre pour pouvoir lui arracher ce qu'il ne voudrait pas donner s'il était conscient de ce qui se passe.

Les songes de la nuit

L'ambiguïté de la nuit se retrouve dans le songe dont la combinaison d'images se révèle parfois peu cohérente. Peut-on en effet se fier à ses propres rêves ? Traditionnellement, au Proche-Orient ancien, le songe royal était un procédé servant à reconnaître un souverain contesté, cette légitimation supposant une relation privilégiée entre le roi et son Dieu. Si le prophète Jérémie assimile le songe au mensonge (Jr 23, 25 ; Jr 29, 8-9), d'autres textes prophétiques ou sapientiaux lui accordent quelque créance et valeur, même si une certaine méfiance subsiste (Is 29, 7-8 ; Jb 7, 13-14). Le récit de la Genèse en fournit les épisodes les plus éloquents.

Dieu visite le roi Abimélek, de nuit, lui parlant au détour d'un songe (Gn 30, 3). La communication en rêve implique à la fois proximité et distance qui dépeignent le mystère. Le contact nocturne que Dieu établit avec le roi est donc à la fois étrange et profond, signe qu'un enjeu particulier est à l'œuvre. À la révélation divine, Abimélek répond par une véritable plaidoirie, lui permettant d'assumer sa responsabilité mais aussi de plaider la bonne foi, ce à quoi Dieu réagit en déclarant pures ses intentions. Au lever du jour, le roi prend conscience de la gravité de la situation dont la répercussion se fait ressentir sur son entourage. Une étude complète de cet épisode permettrait de déceler l'enjeu du songe nocturne, que le lecteur percevra dans chacun des épisodes suivants où il est question ni plus ni moins de vie et de mort.

À la suite de cet épisode, Dieu visite également, de nuit, Laban (Gn 31, 24) et surtout, au Yabboq, Jacob qui, après s'être émancipé de Laban, lutte avec un inconnu (Gn 32, 22-23). Ce combat nocturne crée chez Jacob un traumatisme (une boiterie). L'identité de l'inconnu semble être révélée par la parole de Jacob qui affirme : « J'ai vu Dieu face à face, et ma vie a été sauve » (Gn 32, 31). Le narrateur ne confirme toutefois pas cette assertion (Gn 32, 33) : au début de l'épisode, et là uniquement, il avait présenté l'inconnu en tant qu'« un homme » (Gn 32, 25). Pas plus que Jacob, le lecteur n'apprendra le nom du mystérieux lutteur du Yabboq, malgré la réponse énigmatique de l'inconnu : « Tu as combattu avec Dieu et avec des hommes » (Gn 32, 29). Cette formule fait passer de l'incertitude (« un homme ») à l'équivocité (« Dieu » et « des hommes ») et c'est Jacob qui permet d'en sortir en affirmant : « J'ai vu Dieu face à face » (Gn 32, 31). La question rebondit alors pour le lecteur : Jacob a-t-il raison d'identifier ainsi celui qui a lutté avec lui de nuit ? Mais comment lui est-il possible de voir la « face de Dieu » étant donné que la scène se déroule de nuit (Gn 32, 23) ? L'obscurité nocturne ne signifie-t-elle pas que l'identité de l'inconnu doit rester cachée ? Finalement, Jacob est amené non pas à nommer son interlocuteur mais à nommer l'endroit de la lutte nocturne, Penîél (« Face de Él »). C'est ce nom qui conduit Jacob à préciser : « Car j'ai vu Élohîm face à face, et ma vie a été sauve » (Gn 32, 31). L'enjeu, une nouvelle fois, consiste à se laisser confronter au danger de mort et à permettre à la vie d'être sauvée.

La nuit offre donc un espace aux songes qui peuvent engendrer désarroi et angoisse lorsque leur explication demeure obscure. Tels sont les sentiments éprouvés par les fonctionnaires royaux emprisonnés avec Joseph dans une geôle égyptienne (Gn 40, 5). Le matin venu, celui-ci leur offre son service, celui de l'interprétation inspirée de la sagesse divine, faisant la distinction entre l'un et l'autre rêves des deux prisonniers. C'est ensuite Pharaon lui-même qui a un songe (Gn 41, 1) mais le récit ne précise pas qu'il a lieu de nuit. Car la logique du récit tient non dans le songe de Pharaon pour lui-même mais dans la rencontre diurne entre celui-ci et Joseph convoqué pour interpréter le songe, ce que celui-ci fait avec aplomb, témoignant à nouveau de sa sagesse et rappelant que la source du don de l'interprétation, c'est Dieu. Ici encore, l'enjeu du songe touche au rapport entre la vie et la mort.

Le dernier songe nocturne du récit de la Genèse est celui d'Israël/ Jacob qui part pour l'Égypte avec toute sa famille. En chemin, à Beér-Shèba, Dieu lui parle dans des visions nocturnes (Gn 46, 2), le rassurant quant au choix fait et l'assurant qu'il sera avec lui en Égypte. Ce message se rapproche de celui qu'Isaac, son père, a reçu de nuit au même endroit (Gn 26, 24). Dans la suite, on lira encore d'autres visites divines nocturnes, auprès de Balaam (Nb 22, 8.19-20), Gédéon (Jg 6, 25 ; Jg 7, 9), Samuel (1 S 15, 16), Natân (2 S 7, 4), Salomon (1 R 3, 5), Zacharie (Za 1, 8), Paul (Ac 16, 9 ; Ac 18, 9 ; Ac 23, 11 ; Ac 27, 23), sans oublier les visions mentionnées dans le livre de Job (Jb 20, 8 ; Jb 33, 15).

De la mort à la vie

Passé le premier livre biblique, dans le récit de l'Exode, le milieu de la nuit est le moment choisi par Dieu pour parcourir l'Égypte (Ex 11, 4 ; Ex 12, 12.29), entraînant la mort de tous les premiers-nés, provoquant une grande clameur, tandis que la communauté d'Israël partage le repas pascal (Ex 12, 8). Ici aussi, dans un contexte de séparation (que souligne Luc 17, 34), il est question de vie et de mort. Pharaon se lève en pleine nuit (Ex 12, 30), fait appeler Moïse et Aaron, non pour qu'ils interprètent les songes mais pour qu'ils servent le Seigneur et partent (Ex 12, 42), ce qu'ils font, guidant le peuple des Israélites. Sur ce chemin de liberté, le Seigneur marche avec eux, « le jour dans une colonne de nuée pour leur indiquer la route, et la nuit dans une colonne de feu pour les éclairer, afin qu'ils puissent marcher de jour et de nuit » (Ex 13, 21 ; Nb 14, 14 ; Dt 1, 33 ; Dt 16, 1 ; Ne 9, 12.19 ; Is 4, 5 ; voir aussi la nuée nocturne en Nb 9, 16.21).

Goûtons à présent à l'onctuosité d'un autre livre biblique où la relation entre vie et mort se lit dès ses premières pages. Tobit, père de Tobie, est un personnage très attaché à la Loi, mais peut-être davantage à sa lettre qu'à son esprit. C'est cette attitude qui le pousse, de nuit, à quitter la fête qui bat son plein pour aller ensevelir un cadavre, de crainte que celui-ci reste sans sépulture (Tb 2, 7). Repéré par des voisins, il est l'objet de moqueries. En effet, le juste agissant pour le bien est raillé. Son comportement compulsif, plus soucieux des morts que des vivants, respectueux de la Loi jusqu'au scrupule, n'échappe pas à une critique acerbe. S'abandonnant au sommeil dans la cour de la maison, Tobit ignore que des moineaux le surplombent. Tombant dans ses yeux, leur fiente provoque chez lui des leucomes, de sorte qu'un voile l'empêche de voir correctement (Tb 2, 9-10). Et la nuit devient intérieure : Tobit qui se voyait parfait devant Dieu, scrupuleusement fidèle à la Loi, isolé dans sa justice, va devoir apprendre à tenir compte des autres et à se fier à eux.

Dans un autre épisode du récit, durant une même nuit, les nouveaux époux – Tobie et Sarra – se couchent paisiblement dans la chambre nuptiale tandis que les parents de la fille s'en vont frénétiquement creuser une tombe, inquiets du sort que le démon réservera, selon eux, au nouvel époux (Tb 8). Le contraste entre ces deux situations simultanées est aussi dramatique qu'ironiquement savoureux pour le lecteur. À la peur des beaux-parents répond leur exultation qui voit l'espoir l'emporter. L'accent est désormais mis sur la bénédiction à laquelle sont invités l'ensemble des vivants qui partagent la réjouissance. Il ne peut plus être question de penser encore à la mort, aussi l'ordre est donné de combler la fosse que le beau-père avait creusée. La nuit de tous les dangers étant passée, la vie l'emporte !

Comment est-il possible qu'un homme entièrement juste et sage soit si totalement souffrant ? Telle est la question à propos du mal que pose le livre de Tobie et qu'explore, dans davantage de radicalité, le livre de Job. Ce personnage subit une avalanche de catastrophes (Jb 1 – 2). L'attachement à Dieu s'en trouvera-t-il éprouvé, est-il gratuit pour le meilleur que Job a connu et pour le pire qu'il est en train de vivre ? Au malheur tellement inattendu, Job réagit en prenant la parole mais il parle seul, dans une lamentation. Il commence par maudire le jour de sa naissance et la nuit de sa conception : que périsse cette nuit, qu'elle soit stérile (Jb 3, 3-10) ! Cette automalédiction est vaine puisque l'origine est inaccessible, ce qui dit bien le désespoir du personnage pour qui il n'y a plus de différence entre le milieu du jour et la nuit (Jb 5, 14 ; Jb 17, 12). Et la rudesse de la situation de Job se percevra d'une façon encore plus redoutable dans ce propos : « La nuit creuse mes os et ceux qui me rongent ne dorment pas » (Jb 30, 17, reprenant Jb 30, 3).

Vers la lumière

Période de pleurs, de cris, d'embuscades, de fuite, de vol et de trahison, la nuit constitue un des éléments originels que Dieu traverse afin de rendre visite et d'instruire le cœur humain. Jésus accomplit cette traversée, lui qui, de nuit, marche sur la mer (Mt 14, 25 ; Mc 6, 48), prie Dieu (Lc 6, 12) au mont des Oliviers (Lc 21, 37) et se laisse rencontrer par Nicodème (Jn 3, 2 ; Jn 19, 39). Au lecteur de scruter dans chacun de ces épisodes ce que la nuit apporte de spécifique à la mission de Jésus, quant à la relation de celui-ci à Dieu et aux disciples : assurément la traversée d'éléments primordiaux, suivie d'un basculement vers la lumière du grand jour.

À l'autre bout de la Bible, pendant au récit de la Création, la dernière partie du livre de l'Apocalypse (Ap 20 – 22) décrit la victoire finale contre les forces du mal. Un autre livre s'ouvre, « celui de la vie » (Ap 20, 12). C'est une nouvelle Création dont il s'agit (Ap 21, 1-3) : une réalité inédite surgit, soulignant la perspective universelle, rendant caduque la séparation entre le peuple d'Israël et les nations. Si les diversités entre les peuples et les cultures ne sont pas abolies, elles n'empêchent pas de cohabiter dans la paix que rend possible l'alliance avec Dieu. Oui, désormais, les relations l'emportent sur les séparations. Dieu illuminant cette nouvelle création, il n'y aura plus besoin d'autre lumière, mais encore – que le lecteur en soit assuré – « il n'y aura plus de nuit » (Ap 21, 25 ; Ap 22, 5).

RÉCIT

L'aube, à perpétuité

Frère RÉMI-MICHEL MARIN-LAMELLET,
dominicain

C'est noble, la nuit. Surtout depuis que le Carmel en a fait un lieu de prédilection pour rencontrer Dieu. Et la nuit reste divine même dans notre monde qui ne sait plus dormir. On peut condamner les écrans, et l'éclairage des villes qui perturbe les rêves des oiseaux, mais la nuit reste belle. Belle, même dans la chambre de ma mère qui s'endort, télévision allumée.

L'aube, c'est poétique. Surtout depuis que Victor Hugo lui fait blanchir la campagne. Il ajoute : « Je partirai. » Pour ne pas demeurer prisonnier d'une aube perpétuelle. Et si notre monde, ayant oublié la nuit du désespoir toute tendue vers Dieu, ne connaissait jamais plus le soleil levant qui vient nous visiter ? Une paralysie spirituelle, aux portes de l'aurore.

Un électricien répare la lumière dans le couloir. Je lui propose un café. On parle de Dieu, bien sûr. Il me dit :

« – Je prie mais je ne peux pas lire le Livre.

– Pourquoi ?

– Parce que je ne suis pas assez pur.

– Moi non plus, et pourtant je le lis. »

Et lui : « Je ne lis pas car j'ai trop peur de me convertir. »

Si nous vivons nos nuits, sautons alors le seuil du jour : que l'aube passe pour que le Christ vienne.

SŒUR THÉOPHANE BROUZET

Prier dans la nuit

Les offices monastiques du temps de la nuit

Moines et moniales se lèvent la nuit pour prier, répondant fidèlement à leur vocation de vigilance. La disponibilité intérieure que permettent les offices de la nuit ouvre le cœur à une communion d'espérance avec tous ceux qui souffrent et qui peinent dans la nuit.

Nuit. Il fait nuit. Il fait nuit et mon réveil sonne, m'extirpant de ma léthargie. Quelques minutes plus tôt, j'étais là passive, laissant mon corps se régénérer – et c'est important – mais laissant aussi l'obscurité donner le ton. Or voilà qu'une sonnerie m'arrache au pouvoir du sommeil. Tel un cri dans la nuit, dirait le paraboliste Jésus, elle vient immédiatement solliciter ce qui m'est le plus précieux : ma liberté. Choisirai-je de sortir de ma torpeur et, par conséquent, de mon lit ?

« Un cri retentit dans la nuit »

Il est tôt, voire trop tôt à mon goût. À écouter certaines de mes sœurs, il en est pour qui il est facile, presque naturel, de se réveiller si tôt et de gagner le combat du réveil. Une grâce de résurrection doit certainement avoir déjà porté son fruit en elles ! Il en est d'autres, et j'en fais partie, pour qui l'énergie vient seulement du sens de cet office si particulier que sont les Matines ou les Vigiles, comme on les appelle à Jouarre[1]. Il se vit – à ce moment-là, dans cet office-là – une expérience personnelle, communautaire et ecclésiale qu'aucun autre office ne donne de vivre.

En effet, si le réveil est un moment « crucial » (oserai-je dire), il suffit de fréquenter les transports de la région parisienne pour savoir qu'il en est d'autres, beaucoup d'autres, qui sont debout à cette heure-là. Hommes et femmes admirables de vaillance que la vie oblige à travailler bien avant que le soleil ne se lève. Or, à l'abbaye, quand le réveil sonne, la perspective n'est pas tout à fait la même. Aucun chef de chantier qui attend ici ou là, aucun loyer à payer qui nécessite de mettre les bouchées doubles, aucune inquiétude immédiate pour faire les courses. La question si souvent posée résonne alors avec plus d'intensité : « À quoi bon se lever (si) tôt ? Dans la nuit ? »

Aux Vigiles, le propos est d'être… vigiles. Dans *Le Larousse*, la définition qui en est donnée est : « Personne chargée d'une fonction de surveillance, de sécurité. » Sans les muscles et la carrure imposante nécessaires à la fonction, prier les Vigiles est une sorte de mission de surveillance et de sécurité. C'est être « vigil-antes » à ce qui se passe au cœur de la nuit, en commençant par la nuit des cœurs. C'est veiller sur et pour d'autres, en espérant que cette communion soit source de paix. C'est guetter ce qui ne se voit pas encore, la lumière du jour et surtout la venue de Celui qui a dit : « Je suis la Lumière du monde. »

« Venez, approchez tous »

Nuit. Il fait nuit. Après avoir été tirée du sommeil, il s'agit de traverser le cloître et d'arriver à l'église. Tout y est encore si calme que chaque infime bruit se laisse percevoir. Au-dehors, comme au-dedans. Tout y est encore si sombre que chaque rayon lumineux se laissera percevoir. Au-dedans, comme au-dehors.

L'église est donc plongée dans le noir, et nous avec. Régulièrement, sa porte s'ouvre, les pas de mes sœurs qui arrivent une à une laissent

1. L'abbaye bénédictine de Notre-Dame de Jouarre, en Seine-et-Marne, a été fondée en 635. Elle a connu bien des vicissitudes. La communauté compte aujourd'hui une quarantaine de sœurs.

deviner chacune de leurs victoires sur le réveil. Ainsi, peu à peu, l'église se réveille aussi : elle redevient en quelque sorte Église. La majuscule change tout et l'assemblée est bien plus que la somme de nos minuscules existences. Cet « ensemble » est probablement, à sa manière, une victoire de la vie sur la mort, de la lumière sur la ténèbre avant même que le jour et le Jour ne se lèvent.

L'office a ceci de fort qu'il est communautaire et même ecclésial. Moniales, hôtes, proches du monastère peuvent être là ainsi que tous ceux qui sont présents invisiblement : les membres de la communauté empêchées de se lever, les personnes recommandées à notre prière… Tout à coup, dans la pénombre de l'abbatiale, c'est l'« Église en prière ». C'est donc « pour la gloire de Dieu et le salut du monde ».

Entretemps, au fond du chœur, la croix s'est allumée. Il faut être venu dans notre église pour sentir ce qui se dégage de cette croix de lumière, surtout au cœur de la nuit. Une hôte confiait y avoir perçu que, « derrière la Croix, jaillit la lumière ». Ainsi, les Vigiles donnent de saisir du plus profond de nous-mêmes cette affirmation paradoxale du psalmiste : « Même la ténèbre devant toi n'est point ténèbre et la nuit comme le jour illumine » (Ps 138, selon la traduction de *La Bible de Jérusalem*).

« Seigneur, ouvre mes lèvres… »

Nuit. Il fait nuit. Il fait encore nuit et, pourtant, tout est déjà différent. Debout, en Église, face à la Croix de lumière, les premiers mots prononcés et même chantés en ce jour résonnent : « Seigneur, ouvre mes lèvres et ma bouche annoncera ta louange. » Une fois, deux fois, trois fois. Comme « Seigneur, tu sais bien que je t'aime », la phrase de Pierre quand il sort de la nuit de son reniement et s'ouvre de nouveau à la grâce de cet Amour infini qui nous précède et nous espère toujours. C'est le même Amour infini qui est là et nous précède toujours. Aussi tôt que l'on puisse arriver – plus jeune, j'ai essayé ! –, il est là. Émerveillement qu'une oraison reprend : « Seigneur notre Dieu, nous te rendons grâce de nous avoir rassemblés en ta présence avant l'aube de ce jour. Donne-nous de comprendre que tu nous aimes toujours le premier et d'en rester émerveillés. »

Rien de tel que la nuit pour expérimenter cette savoureuse disponibilité intérieure. « Les soucis du monde, la séduction des richesses et les autres convoitises » (Mc 4, 19) n'ayant pas encore tenté d'envahir notre intériorité ou d'étouffer la Parole, il y a de la place autant sur nos lèvres que dans nos cœurs : à toi, Seigneur, d'y demeurer. À toi aussi, Seigneur, de nous apprendre à « passer la nuit à prier » comme tu le faisais sur les bords du lac, à Béthanie ou encore à Gethsémani.

L'office de nuit a un caractère propre de prière contemplative, paisible et prolongée. Il faut savoir savourer ces moments-là, où rien ne presse, et ne plus craindre d'habiter simplement le moment présent. La disponibilité intérieure se double d'une disponibilité temporelle, alors la Parole peut se donner avec la largesse qui la caractérise. Hymne, psaumes chantés, lectures biblique et patristique vont se déployer pendant les minutes à venir. Les longues minutes car l'office des Vigiles a l'art de prendre son temps et la Parole celui de se donner en bienfaisante abondance… La *Présentation générale de la Liturgie des heures* (PGLH) parle même de « trésor de révélation et de tradition » (§ 55) et ce « pour que s'établisse le dialogue entre Dieu et l'homme » (§ 56).

« Le Semeur est sorti pour semer »

Nuit. Il fait nuit. Il fait cependant un peu moins nuit car une Parole a résonné, un « dialogue entre Dieu et l'homme », l'humanité, s'est instauré. Mais l'heure est propice à ne pas se contenter de banalités. Car la spécificité de la prière de la nuit est justement qu'elle est de nuit, dans cette nuit où les tentations peuvent prendre de la force, dans cette nuit où l'angoisse du jour qui commence peut serrer la gorge, dans cette nuit où l'isolement de la prison, de l'hôpital, de l'épreuve peut rendre la douleur encore plus saillante. C'est alors que, pauvrement, mais dans un acte profond de foi, nous prêtons nos cœurs et nos voix pour mettre des mots sur ces réalités de nos frères et sœurs en humanité, et les confier à Dieu.

À Jouarre, notre répartition des psaumes est telle que, à Vigiles, nous parcourons le psautier du psaume 1 au psaume 108 en deux semaines. On y retrouve ce concentré d'expériences humaines que le psalmiste a l'audace d'assumer, et de ces situations qui prennent plus d'échos au cœur de la nuit. « Seigneur, au secours » ; « Réponds-moi, donne la lumière à mes yeux » ; « Au jour de la détresse, je cherche le Seigneur ; la nuit, je tends les mains sans relâche » ; « Quand je dis : mon pied trébuche, ton amour, Seigneur, me soutient » ; « Mon Dieu, j'appelle tout le jour ; même la nuit, je n'ai pas de repos », et tant d'autres versets…

Prier dans la nuit, c'est être en communion d'espérance : promis, le jour se lèvera. Prier dans la nuit, c'est acter sa foi en la Résurrection dans le quotidien : promis, la mort et la ténèbre n'auront pas le dernier mot. Prier l'office de nuit, c'est affirmer sa solidarité avec l'humanité éprouvée. Chaque parent expérimente que, quelle que soit la fatigue du jour, les pleurs de son enfant à n'importe quelle heure de la nuit le ou la feront se lever pour le consoler. Chaque moine ou moniale expérimente que, quelle que soit la fatigue du jour, il ou elle est appelé(e) à se lever pour consoler ceux qui pleurent au cœur de la nuit. Pour eux. Avec eux. Par lui, le Messie crucifié et ressuscité.

La mystérieuse communion des saints se double d'un mystérieux acte de foi qui ose croire que les mots du psautier vont rejoindre ceux qui en ont besoin, et murmurer au fond de leur cœur : « Tu n'es pas seul, tu n'es pas seule. » Peut-être est-ce pour cela que les textes officiels disent de la Liturgie des heures qu'elle a un « véritable rôle maternel envers les âmes ».

« Tiens ma lampe allumée »

Nuit. Il fait nuit. Enfin, presque plus, car l'aurore pointe. On distingue peu à peu les rayons du soleil à travers les vitraux qui – du coup – semblent eux aussi reprendre vie. Avant de clore l'office, la structure liturgique fait que les psaumes et la lecture biblique passent le relais à une lecture patristique. Ce voyage dans le temps tisse du lien entre les générations de croyants et, par la force du témoignage, ravive la flamme de l'espérance. Les Vigiles sont l'office qui dure le plus longtemps, signe probablement que, pour traverser la nuit ou l'épreuve, la persévérance est une indispensable alliée. Une persévérance qui s'éprouve aussi dans le jour-après-jour, ou plutôt le nuit-après-nuit de cette prière nocturne. Il s'agit dès lors de continuer à espérer, continuer à croire, continuer à communier, continuer à prier, continuer au fil des siècles. Hier, aujourd'hui, demain.

La tradition bénédictine a toujours perçu la connivence entre sa vocation de chercheur inlassable de Dieu, de veilleur à l'affût de sa

Présence et la prière des Vigiles. Tant et si bien que, sur le cénotaphe de la première abbesse de Jouarre, au très médiéval nom de sainte Telchilde, on retrouve cette inscription : « Mère de ce monastère, elle a voulu enseigner à ses filles à courir au-devant du Christ avec leurs lampes allumées. »

En prenant conscience que cette exhortation est gravée dans la pierre de notre crypte depuis le VIIe siècle, une sorte de vertige peut nous saisir... Oui, voilà presque mille quatre cents ans que, ici, chaque nuit, des femmes tentent de garder leurs lampes allumées pour guetter la venue du Christ, Époux de l'Église et Sauveur du monde.

« Je proclame ton nom »

En liturgie autant que dans les relations, le silence est nécessaire, voire vital. Il est le lieu privilégié pour laisser résonner la Parole. Il est l'espace qui rend possible la croissance « nuit et jour » jusqu'à ce que le fruit se laisse cueillir, recueillir.

Dans le psaume 21, un silence – que nos psautiers liturgiques signalent discrètement d'un simple « & » – fait passer de « Mon Dieu, mon Dieu, pourquoi m'as-tu abandonné ? Préserve ma vie » à « Tu m'as répondu ! Et je proclame ton nom devant mes frères ». Dans l'office de nuit, les divers silences, mais particulièrement le silence final, ouvre aussi la possibilité de ce passage... Les dimanches et jours de fête, il fera place à l'Évangile proclamé dans la louange. Les jours ordinaires, il passera le relais à un émerveillement qui se partagera sous peu dans un « Salut ! » disant, l'air de rien, le chemin parcouru depuis les ténèbres, ou dans un simple « Bon Jour » appelant à savourer le don reçu.

Toujours, les Vigiles se concluent dans l'action de grâces : « Bénissons le Seigneur ! Nous rendons grâce à Dieu. » Le prochain rendez-vous liturgique sera à l'heure des Laudes mais, pour le moment, il est temps de pousser à nouveau la porte de l'église et de pénétrer dans le cloître. À l'abbaye Notre-Dame de Jouarre, notre cloître est vitré. Sa transparence offre alors d'admirer à la sortie du chœur ce miracle quotidien, survenu indépendamment de nous, mais ayant la valeur infinie de ce qui a été ardemment désiré. Il fait jour. Jour.

FAKER KORCHANE

Le fidèle musulman dans la nuit

Face à son Seigneur

Dans l'islam, la nuit a une place importante dans la vie des croyants. Certains épisodes de la vie du Prophète, survenus au cœur de la nuit, orientent la prière et les actions du fidèle.

Dans la Bible, la nuit, créée dès le premier jour, occupe une place primordiale. Quelle est la place de la nuit dans le Coran ?

Faker Korchane : Dans le Coran, on repère quatre-vingt-douze mentions de la nuit, presque toujours suivies ou précédées de la mention du jour. La nuit et le jour forment donc un couple inséparable. La sourate « La nuit » est ainsi précédée de la sourate « Le soleil » et suivie de la sourate « L'aube ». La succession même de la nuit et du jour est le signe du fonctionnement du monde. Dans le Coran, Dieu nous interpelle, en effet, par la cosmologie : la nuit et le jour, les monts, les arbres… Le Coran dit comment le monde est, comment il se compose.

Or cette référence cosmologique renvoie toujours à une dimension éthique et spirituelle. La succession de la nuit et du jour est un des signes par lesquels l'homme se rend compte qu'il y a un ordre cosmologique parfait, qui renvoie forcément à quelqu'un qui l'a mis en marche, c'est-à-dire Dieu. Au sein de cet ordre parfait, le croyant doit se comporter, sinon parfaitement, du moins le plus parfaitement possible. À cette articulation du cosmologique et de l'éthique s'ajoute une dimension de connaissance par l'homme de Dieu, à travers la création.

> « Du jour et de la nuit, nous avons fait deux signes. Nous effaçâmes le signe de la nuit et fîmes celui du jour propice à la clairvoyance pour vous permettre de quêter quelque grâce de votre Seigneur et de connaître le nombre des ans, le calcul, et nous articulons tout distinctement. Chaque humain, nous lui attachons au col sa chance ; nous lui en tirerons au jour de la résurrection un écrit qu'il trouvera déployé. Lis ton écrit : il suffit de toi-même en ce jour comme comptable. Qui bien se guide le fait pour soi-même ; qui s'égare le fait à son propre dam ; à nul porteur n'incombe la charge d'autrui ; aussi bien ne châtions-nous qu'une fois dépêché un envoyé[1]. »

Face au jour et à la nuit, l'homme est ainsi renvoyé à sa responsabilité. Y a-t-il une attitude propre à la nuit, différente de celle du jour ?

F. Korchane : Il y a, en effet, quelque chose de propre à la nuit. La nuit, on est comme dans un cocon, livré à soi-même, placé face au vertige de la liberté, de la responsabilité. Un *hadith* très connu dit : « Qui se connaît soi-même connaît son Seigneur[2]. » C'est une idée que l'on retrouve ailleurs : « Nous leur ferons voir nos signes sur les horizons et dans leur âme jusqu'à faire éclater à leurs yeux que c'est bien là le vrai[3]. » Où trouver le Seigneur ? En soi-même.

La nuit est un moment où le monde alentour cesse d'exister, d'une certaine façon, en ce sens qu'on n'y a plus accès comme durant le jour. On se retrouve donc face à soi et donc face à son Seigneur. C'est pourquoi, dans l'islam, la pratique nocturne est plus valorisée et plus valorisante que la pratique diurne, comme le dit par exemple la sourate 73, « L'Emmitouflé » (*Al-Muzzamil*). Elle fait

1. Sourate *Al-Isrâ* (« Le trajet nocturne ou les fils d'Israël »), versets 12-15, selon la traduction de Jacques Berque.
2. Ce *hadith* est plutôt rejeté par les littéralistes et les rigoristes, mais largement diffusé et admis notamment par la tradition soufie.
3. Sourate *Fussilat* (« Ils s'articulent »), verset 53.

allusion à un épisode où le Prophète s'emmitoufle dans une cape avant de s'endormir ; l'ange Gabriel vient alors le voir et lui dit : « Toi, l'emmitouflé, lève-toi la nuit, rien qu'un peu, une moitié de la nuit, que tu diminues cette moitié d'un moment ou la rallonge, et psalmodie le Coran distinctement. Nous lancerons sur toi une parole dense. L'effusion nocturne est plus ferme d'entrain et plus directe de propos. »

Rappelons qu'en islam, il y a cinq prières par jour. Chacune est composée de plusieurs cycles et chaque cycle comprend une partie gestuelle, suivie d'une lecture de versets coraniques, qui sont lus soit *jahr* (« à voix haute »), soit *sirr* (« secrètement », à l'insu des autres). La prière de l'aube est *jahr* (à voix haute), celles du zénith et de l'après-midi sont *sirr* (à voix discrète), celles du crépuscule et du soir sont *jahr* (à voix haute) pendant les deux premiers cycles. Les prières qui ont lieu à un moment où il fait nuit sont dites à voix haute, et celles qui ont lieu dans la journée dites à voix basse. Pourquoi cela ? Parce que, quand on lit à voix haute dans la nuit, c'est aussi pour se renforcer. Dans la nuit, lire les paroles à voix haute, les entendre et les faire entendre autour de soi, c'est comme augmenter le degré de clarté dans l'obscurité.

Est-ce parce que la nuit peut être un moment difficile à vivre ?

F. Korchane : Cette idée n'est pas représentée de manière aussi évidente dans l'islam que dans le christianisme. La nuit est surtout le moment où l'on est face à sa responsabilité et à sa liberté et où, parfois, on peut se perdre. Qu'est-ce qu'il se passe en fait, la nuit ? Les activités cessent. On ne peut plus contacter n'importe qui, on ne peut plus faire les mêmes choses. La nuit peut aussi pousser à commettre des actes répréhensibles, qui montrent qu'on est perdu. Même aujourd'hui, où nous pouvons avoir de la lumière dans la maison tout le temps, l'atmosphère de la nuit est différente de celle du jour : le bruit de la circulation s'est apaisé, les rues sont plus calmes, les commerces sont fermés… La nuit reste la nuit, on y est confronté à l'angoisse de la liberté. Ainsi, c'est d'abord la notion de responsabilité qui est engagée. Si, dans ce moment de connaissance qu'est la nuit, où l'on comprend l'ordre des choses et comment on doit soi-même agir, on agit mal, alors on se met en porte-à-faux.

Il y a deux nuits importantes dans la vie du Prophète, pouvez-vous nous les raconter ?

F. Korchane : Il y a en effet deux sourates, « L'ascension nocturne » et « La nuit du destin », qui relatent deux moments très importants de la vie du Prophète et qui permettent de comprendre pourquoi il y a beaucoup de vertu et de valeur à se réveiller la nuit pour prier.

La sourate « L'ascension nocturne » (traduite aussi « Le trajet nocturne »), que j'ai citée tout à l'heure, porte ce nom car elle commence par évoquer la façon dont Dieu a fait transporter le Prophète, une nuit, de La Mecque à Jérusalem, « de l'oratoire consacré à l'oratoire ultime ». C'est en réalité un double voyage car, depuis la mosquée de Jérusalem (Al-Aqsâ), le Prophète connaît ensuite une ascension vers le septième ciel. Voici le premier verset de cette sourate : « Ô transcendance de Celui qui fit aller de nuit, en un instant de la nuit, Son adorateur de l'Oratoire consacré à l'Oratoire ultime dont Nous avons béni le pourtour, afin de lui découvrir de Nos signes ! Il est l'Entendant, le Clairvoyant[4]. »

La seconde est la sourate « La nuit du destin » (traduite aussi « La nuit grandiose »), qui raconte la nuit pendant laquelle le Coran est descendu[5]. Dans la tradition musulmane, Mahomet, jusqu'à ses 40 ans (âge auquel il reçoit le Coran) n'était pas un adorateur d'idoles, un polythéiste. Il pensait qu'il y avait un Dieu unique, mais il n'était pas rattaché à une religion particulière. Il appartenait aux *Hunafâ* (*hanîf*, au singulier). Les chercheurs pensent qu'il s'agissait d'un groupe proche des Esséniens. Quoi qu'il en soit, la tradition musulmane rapporte que, au sein de cette secte monothéiste, on pratiquait des retraites dans les grottes situées autour de La Mecque. La Mecque était alors, en effet, un centre urbain posé dans une cuvette au milieu d'une zone désertique ; les alentours étaient truffés de grottes où allaient prier des anachorètes, comme le faisait Mahomet. Au cours d'une de ces retraites, l'ange Gabriel lui rend visite et lui révèle les premiers versets de la première sourate dite de « l'Accrochement » (*Al-Alaq*)[6] : « Au nom de notre Seigneur qui a créé l'être humain à partir de cet accrochement, lis. Le Dieu de dignité a appris à l'homme par le calame ce qu'il ne savait pas. »

4. Sourate *Al-Isrâ*, verset 1, selon la traduction de Jacques Berque.
5. Sourate *Al-Qadr*, « Grandeur ».
6. Sourate *Al-Alaq*, « L'Accrochement », première sourate révélée selon la tradition islamique.

Mahomet est un marchand, ce n'est pas un lettré. Mais l'ange insiste. Il rentre alors chez lui tout tremblant. Pensant que c'est peut-être un *djinn* qui est venu le voir, il se demande s'il n'est pas devenu fou. C'est sa femme Khadija qui va le rassurer. Elle est la première à croire en lui : « Dieu ne te veut pas de mal. Parce que ta parole est vraie[7]. » Le lendemain, elle va consulter son cousin, un chrétien nestorien. C'est lui qui va reconnaître les signes de la prophétie.

Quelles interprétations peut-on faire de ces sourates ? Comment la vie de prière du musulman en est-elle marquée ?

F. Korchane : Pour cela, il est bon de se replacer dans le contexte de l'Arabie occidentale du VIIe siècle, dans une zone désertique, où la chaleur du jour est infernale. La nuit représente d'une part un moment de repos, un moment de fraîcheur. D'autre part, les nuits de pleine lune, on peut y voir presque comme en plein jour. Cela fait de la nuit un moment positif. Mais, plus généralement, la nuit, la vue est réduite, on y voit moins bien, mais on se sent moins observable, donc on se sent plus libre d'agir, parce que, précisément, on n'est pas vu. Est-ce qu'alors je vais agir de façon répréhensible, ou être plus vertueux et me consacrer à la prière par exemple ? Si, pendant la nuit, alors qu'on est au maximum de sa liberté, on se consacre à la prière (en arabe *salât*, qu'on traduit par « prière », et dont la racine est *si-la*, « lien »), cela signifie qu'on a décidé de mettre en valeur son lien avec le Seigneur.

Il y a également une lecture métaphorique possible. La nuit représente l'ignorance, la *jâhilîya*. Dans la tradition islamique, on qualifie de ce nom l'époque préislamique. C'est donc une période d'indétermination et d'ignorance. Une période d'obscurité, de nuit spirituelle, où la présence de Dieu n'a pas été clairement révélée et explicitée aux gens.

Mais la nuit ne peut demeurer. Dans la sourate « La Lumière »[8], Dieu est « lumière sur lumière » : lumière de la foi, lumière de la raison. Si Dieu est lumière, le moment où l'on se lie à lui est un

7. Mahmoud Hussein, *Al-Sîra*, tome 1. La Sîra est un vaste ensemble de témoignages des contemporains du Prophète de l'islam, progressivement rassemblés et mis par écrit par des chroniqueurs. Deux auteurs, sous le nom de Mahmoud Hussein, en ont offert une traduction sous le titre *Al Sîra, Le prophète de l'islam raconté par ses compagnons*, Grasset, tomes I et II, 2005 et 2007.
8. Sourate *An-Nûr*, « La lumière ».

moment de luminosité : le croyant est comme une bougie dans la nuit, donc il est vu, par Dieu certes, mais peut-être aussi et surtout par lui-même. Une lampe allumée en plein jour, on ne la voit pas ! C'est pourquoi la prière de nuit est particulièrement valorisée. C'est comme un phare allumé en pleine nuit : la prière guide, elle oriente. Elle suppose de sortir du sommeil (qui est comme une petite mort) pour accéder à la lumière pendant cette période tout à fait particulière de la nuit (le dernier tiers de la nuit, c'est-à-dire la période qui précède juste la prière de l'aube, celle du *Fajr*). Cette pratique nocturne est particulièrement valorisée, et ceux qui l'appliquent sont considérés comme de véritables modèles de piété.

Le Coran le dit : « Point de contrainte en matière de religion[9]. » Tout acte cultuel doit provenir de vous-même, et uniquement de vous. C'est d'autant plus vrai la nuit, puisque normalement la nuit est faite pour le sommeil : « Nous avons fait de votre sommeil une pause, fait de la nuit une vêture, fait le jour pour l'activité de la vie[10]. »

Propos recueillis par Agnès Mannooretonil.

9. Sourate *Al-Baqara*, « La vache », verset 256.
10. Sourate *An-Naba'*, « L'annonce », verset 9.

DENIS MOREAU

Croire dans la nuit

La foi serait une consolation illusoire. On découvre ici les avatars de cette critique et sa connexion avec le rêve de notre époque : se sauver soi-même. L'auteur défend avec audace la foi chrétienne comme bouée de sauvetage par gros temps.

Deuils, dépressions, maladies, ruptures amoureuses, sidération collective les lendemains d'attentat, etc. (la liste est longue, hélas !) : parfois la vie se fait dure, voire terrible. Prostrés, nous n'apercevons plus d'issue à ces situations accablantes. Dans ces ténèbres, toute possibilité de lumière semble exclue, et la question de la survie se pose de façon brutale et tragique. Un psaume évoque ce type de situation de façon saisissante, avec l'image d'une personne en train de couler au fond d'un puits, perdant petit à petit tout contact avec la clarté du jour : « Que les flots ne me submergent pas, / Que le gouffre ne m'avale, / Que la gueule du puits ne se ferme pas sur moi[1]. »

Pour les besoins d'un livre récent[2], j'ai recueilli et analysé les témoignages de chrétiens qui ont connu de telles nuits et sont, vaille que vaille, parvenus à les traverser. Ces témoignages montrent que, pour ces personnes, la foi chrétienne, en particulier la foi en la résurrection de Jésus, a constitué un secours dans l'épreuve. Cet état de fait est parfois envisagé de façon critique par toute une tradition

1. Psaume 69 (68), 16, selon la traduction liturgique œcuménique.
2. Denis Moreau, *Résurrections, Traverser les nuits de nos vies*, Seuil, 2022.

intellectuelle qui identifie dans la foi une béquille à destination des gens trop faibles pour se sortir de façon autonome des problèmes de la vie. Le point mérite d'être discuté.

L'efficacité de la foi

Que ce soit ou non dans le domaine religieux, lorsque des gens croient quelque chose, les philosophes distinguent deux façons d'interroger ces contenus de croyance. On peut adopter une approche aléthique (du grec *aletheia*, « la vérité ») en demandant : cette croyance est-elle vraie, quels sont les arguments qui la justifient ? On peut aussi utiliser une approche pragmatique (du grec *pragmata*, « les actions », « ce qui se produit ») en demandant : quels effets cette croyance produit-elle dans la vie de celui qui y adhère ? Ainsi, si je dis : « Je crois qu'il va pleuvoir demain », on peut, selon l'approche aléthique, demander pourquoi je le crois : parce qu'un voisin me l'a dit, parce que j'ai confiance dans le bulletin météorologique, etc. On peut aussi, selon l'approche pragmatique, chercher comment cette croyance modifie ma vie : demain, en sortant de chez moi, je prendrai mon parapluie ; chez certains, une telle croyance suscite de la mauvaise humeur, etc. Concernant la foi chrétienne, Benoît XVI expliquait donc que « le message chrétien n'est pas seulement informatif, mais performatif. Cela signifie que l'Évangile n'est pas uniquement une communication d'éléments que l'on peut connaître, mais une communication qui produit des faits et qui change la vie[3] ».

Quels peuvent être les effets d'une croyance qui nous implique davantage existentiellement qu'une croyance météorologique, comme la croyance en la résurrection de Jésus ? On peut le comprendre en se figurant l'état d'esprit des disciples le Vendredi saint, à la troisième heure, au pied de la croix : la tonalité générale de ce moment devrait être celle, entre toutes nocturne, d'un échec absolu, du « tout est fichu ». Mais le dimanche qui suivit, par des voies imprévisibles, une issue lumineuse à la catastrophe du Vendredi saint finit par s'ouvrir. La croyance chrétienne en la résurrection véhicule ainsi un potentiel d'espérance transformante qui peut être une aide dans les

3. Benoît XVI, *Sauvés dans l'espérance*, 2007, § 2 (sur ce thème du « performatif », voir aussi le § 10).

épreuves de la vie : aussi bouché que nous paraisse l'horizon, aussi sombre que soit la nuit, une heureuse issue demeure envisageable. Et ce n'est pas parce qu'on *voit*, ou prévoit, la lumière d'un avenir meilleur qu'on *croit* que cela va aller mieux. C'est parce qu'on *croit* que les forces des ténèbres ne l'emportent pas toujours qu'on *voit alors* des issues se dessiner même au plus profond des catastrophes existentielles. Dans l'acte d'espérance, l'avenir ne saute pas aux yeux, déjà net, tracé et lumineux. Il s'esquisse au mieux comme la dimension envisageable d'un patient chemin de reconstruction à partir de ce que la vie a saccagé.

Précisons ce point. Nos bibles en français traduisent par le même mot, « ressusciter », deux verbes grecs au sens voisin mais pas identique : *anistanai* (« faire se lever », « relever ») et *egeirein* (« réveiller », « tirer du sommeil »). Ainsi, « Jésus est ressuscité » signifie à la fois : Jésus, qui avait chuté aussi bas qu'on peut le faire puisqu'il était mort, fut pourtant relevé de cette chute ; et : Jésus, qui dans la mort était engourdi autant qu'on peut l'être, fut pourtant réveillé de cette torpeur et il accéda ainsi à un état supérieur à celui où il se trouvait avant cette chute et cet engourdissement. Telle peut être, dans les nuits de nos épreuves, l'efficacité existentielle de la foi placée en la résurrection de Jésus : avoir cette foi, c'est croire que, quelle qu'ait été la chute que nous avons connue, nous pouvons nous en relever ; que, quel que soit le degré d'engourdissement auquel nous sommes parvenus, nous pouvons nous en réveiller ; et que ce double mouvement de relèvement et de réveil peut conduire à un état supérieur, préférable à celui où nous nous trouvions avant la chute et l'engourdissement.

J'ai ainsi rencontré un chrétien ayant connu une profonde dépression. Il m'a expliqué que, dans l'impasse absolue où il avait le sentiment de se trouver au plus sombre de sa maladie, terrassé par le sentiment qu'il ne s'en sortirait jamais quoi qu'il fasse, sa foi en la résurrection lui avait permis de conserver malgré tout l'espoir d'une amélioration, l'avait ainsi aidé à accepter de prendre des médicaments et à solliciter l'aide d'un psychiatre, ce qui lui ouvrit le chemin de la guérison. Une épouse chrétienne brutalement quittée par son mari et totalement désespérée après cette rupture m'a confié qu'elle trouva dans sa foi en la résurrection les ressources pour espérer malgré tout, dans la nuit de l'amour qu'elle traversait, et entamer alors un processus de *relèvement* de son couple et de *réveil* de l'amour conjugal qui finit par aboutir. Chez ces deux personnes, la foi en la résurrection a manifesté sa puissance « performative ».

Une béquille ? Du bon usage de l'opium

De façon assez étonnante, l'air du temps évalue souvent de façon négative cette fonction de secours pour traverser les nuits de la vie que possède la foi. C'est en effet un reproche fréquemment adressé aux croyants : la foi serait pour eux une « béquille », par où l'on entend une consolation illusoire dont il serait préférable de pouvoir se passer, une aide artificielle apportée à des gens incapables de se dépêtrer seuls, par leurs propres forces, des petits ou grands problèmes de la vie. Cette critique banale se retrouve sous des formes plus élaborées chez Nietzsche et Marx. Dans la *Généalogie de la morale* (1887), le premier explique que les croyances chrétiennes sont les symptômes d'une « volonté de puissance » malade (débile) et constituent les outils de paralysie et d'extinction du désir, en tant qu'il est créateur et actif, dont se dote le troupeau des « faibles », des « esclaves » et des ratés guidés par le ressentiment afin de dominer l'aristocratie des « forts ». Dans son introduction à *Pour une critique de la philosophie du droit de Hegel* (1844), le second mobilise quant à lui la célèbre métaphore de la religion comme « opium du peuple[4] ». Elle signifie que la religion possède, comme l'opium, une triple fonction : sédative (elle engourdit, empêchant les malheureux et les exploités de se révolter comme ils le devraient), hallucinogène (elle interdit de voir le monde comme il est) et analgésique (elle atténue les douleurs).

Ces analyses nietzschéennes et marxistes ne sont pas indiscutables. En particulier, même si on concède une certaine justesse à leurs descriptions, les évaluations négatives qu'elles donnent ensuite de ce qu'elles décrivent ne vont pas de soi. Nietzsche ne cache pas qu'il défend une éthique du « surhomme » : un être exceptionnel à la volonté de puissance toujours active, capable d'encaisser sans broncher les coups durs de la vie. Soit, dira-t-on, mais un tel idéal correspond-il aux êtres humains réels, avec leurs inévitables

4. Karl Marx, *Philosophie*, édition de Maximilien Rubel, Gallimard, « Folio essais », 1994, pp. 89-91.

limites et faiblesses ? À vouloir s'égaler à cette figure du surhomme superactif et inébranlable, ne risque-t-on pas une collection de fameuses névroses, voire un bon *burn-out* ? Au fond, Nietzsche nous lance cette injonction : « Sauve-toi toi-même », c'est-à-dire précisément, d'après les évangiles (Mc 15, 30), le défi lancé au Christ en croix par ceux qui se moquaient de lui et qu'il eut la sagesse, ou la nécessité, de ne pas relever. L'idéal nietzschéen, et moderne, est de se suffire, de se penser avant tout, et pas seulement dans le domain e économique, comme un *self-made-man*, de se trouver par conséquent tout entier engagé dans ce que le psychanalyste Ernest Becker appelle le *causa sui project*, le « projet d'être cause de soi[5] ». Le rêve de l'époque est de nous commuer en *supermen* et *wonderwomen*, en prodigieuses machines autoréparantes. Et, limités que nous sommes, avec nos manques et nos insuffisances, nous allons – paradoxalement – crever de cette (prétendue) suffisance du moi. En revanche, dans les nuits de la vie, la sagesse chrétienne recommande d'accepter de nous reconnaître faibles, cabossés, blessés, et de ne pas hésiter à solliciter de l'aide – celle des hommes, celle de la foi – pour essayer d'échapper aux catastrophes qui nous frappent. De ce point de vue, les camps en présence ont été délimités dans la querelle qui, à la charnière des IVe et Ve siècles, opposa Pélage à saint Augustin : Pélage défendit l'idée que les humains pouvaient et devaient bien agir et se sortir des difficultés de la vie par leurs propres forces, sans l'assistance, donc, de la grâce divine. Augustin soutenait qu'au contraire notre nature humaine est si faible et si blessée que nous avons besoin de ce secours. Augustin l'emporta, mais ce n'est pas pour autant que nous en avons fini avec le pélagianisme, dont on peut repérer, au fil de l'histoire des idées, de nombreuses résurgences : à sa façon, Nietzsche est parfaitement pélagien, tout comme l'idéologie qui guide de nombreux ouvrages de *développement personnel* (on le voit mieux en anglais, où cela se dit parfois : *self help*).

Quant à Marx, on peut lui concéder que la religion comme opium a pour certains une fonction analgésique dans les moments difficiles de la vie. Mais on a alors envie de lui demander : en quoi est-ce un problème ? Quand je suis triste, j'ai besoin d'être consolé et j'apprécie qu'on me console. Quand je ne vais pas bien, je me procure des

5. Voir Ernest Becker, *The Denial of Death*, Free Press, New York, 1973, pp. 43 et 115-123.

remèdes. Quand j'ai mal, je cherche à atténuer voire supprimer ma douleur et cela me redynamise : on peut d'ailleurs lire ainsi la référence marxiste à l'opium[6]. Qui me le reprochera ? Risquons une formule triviale : la vie est dure alors, oui, quand cela va mal, les chrétiens *prennent des trucs*, dont des « cachetons évangéliques ». Ou encore, en des termes plus choisis : la bonne nouvelle (étymologiquement : l'évangile) d'une victoire remportée sur les ténèbres de la mort et l'annonce lumineuse d'une possibilité de résurrections actuelles qu'elle véhicule se révèlent pour un certain nombre d'entre nous consolantes et bienfaisantes. Faut-il s'en plaindre ? Le philosophe athée André Comte-Sponville en convient à sa façon : « À un enfant qui meurt, et aux parents de cet enfant, ferez-vous, si la religion les console, l'éloge de l'athéisme ? Qu'on ne se méprenne pas : cela, à mon sens, ne prouve rien contre l'athéisme et beaucoup contre la religion. "L'âme d'un monde sans âme, *disait Marx*, l'esprit d'un monde sans esprit…" C'est la misère qui fait la religion et c'est pourquoi celle-ci est misérable. Mais qui interdirait l'opium au mourant ? Et que sommes-nous d'autres, hors l'oubli ou le divertissement, que des mourants[7] ? » Qui irait reprocher à une personne à la jambe cassée de vouloir user de béquilles pour claudiquer au mieux jusqu'à la guérison ? « Bénie soit une religion qui verse dans l'amer calice de l'humanité souffrante quelques gouttes d'opium spirituel, quelques gouttes d'amour, de foi et d'espérance[8]. »

Un avantage sélectif dans la nuit ?

« La puissance [de Dieu] se déploie dans la faiblesse. […] Lorsque je suis faible, c'est alors que je suis fort » (2 Co 12, 9-10). On trouve une profonde sagesse dans ces affirmations bien peu nietzschéennes de saint Paul : savoir se reconnaître faible est, paradoxalement, une force dans les nuits que nous traversons ; admettre que nous avons besoin d'aide, par exemple celle de la foi, dans les ténèbres de nos

6. Voir, d'un point de vue marxiste, l'excellente mise au point de Pierre Tevanian, *La haine de la religion, Comment l'athéisme est devenu l'opium du peuple de gauche,* La Découverte, 2013, ch. 4, « Des bienfaits de l'opium ».

7. André Comte-Sponville, « Vérité des dimanches », dans *Une éducation philosophique*, Presses universitaires de France, 1998, p. 332.

8. Heinrich Heine, *Über Ludwig Börne* (1840), cité par Michael Löwy, « L'opium du peuple ? Marxisme et critique de la religion », *Contretemps*, janvier 2005, p. 79.

épreuves, est une attitude existentiellement plus juste que la démesure nietzschéenne. Il ne s'agit évidemment pas de prétendre que la foi chrétienne constitue la solution miracle pour traverser facilement et dans la bonne humeur les drames de la vie : s'il en était ainsi, cela se saurait, et tout le monde se convertirait sur-le-champ. On n'affirmera pas non plus que le christianisme est le seul à fournir l'équipement métaphysique pour tenter d'émerger des ténèbres qui nous engloutissent. Il existe d'autres métaphysiques, d'autres méthodes, d'autres styles de vie que ceux des chrétiens, et parfaitement respectables, pour accomplir ces rudes opérations. Au fond, chacun confectionne avec les moyens du bord sa tambouille pour se dépêtrer des durs moments de la vie. Disons que le christianisme est, avec d'autres (par exemple, le bouddhisme ou le stoïcisme) une des tambouilles qui manifeste une certaine efficacité dans ces rudes opérations de sauvetage de nos naufrages existentiels. Élargissant le propos, on pourrait pour conclure risquer cette hypothèse d'allure darwinienne : tous les jours ou presque, depuis des milliers d'années, de nouvelles religions apparaissent. Rares sont celles qui durent et connaissent un certain succès. Pourquoi en est-il ainsi, qu'est-ce qui explique que certaines religions demeurent quand tant d'autres sombrent vite dans l'oubli ? Indépendamment de la question de sa vérité (qui n'a pas été abordée ici), si une religion rencontre durablement l'adhésion, c'est peut-être parce qu'elle fournit à ses adeptes l'avantage sélectif d'un secours pour retrouver tant bien que mal la lumière dans les nuits de la vie.

ANNE LÉCU

« L'obscurité se fit sur toute la terre »

La nuit sans jour et sans espoir, dont un trop grand nombre souffre en ce monde, renvoie à la nuit que le Christ a rejointe au long du Samedi saint. Un entre-deux que le Seigneur lui-même a enduré et qui nous appelle à croire que nous ne sommes pas seuls en ces traversées. Grand mystère de nos existences, profond mystère de Dieu.

« Quand l'ange de la nuit s'en va et que l'ange du jour n'est pas encore venu, à l'heure du changement d'ange, l'homme connaît une grande angoisse. […] La foi qui ne se raconte pas d'histoires est un entre-deux, un entre-deux-anges : l'ange du réconfort de l'agonie et l'ange de la proclamation de la Résurrection, la plus belle des incertitudes. Ne pas manquer l'heure du changement d'ange : elle est vraie, je ne puis douter qu'il en est ainsi[1]. »

Lorsqu'il écrit ce magnifique texte, Bernard Feillet ne doute pas que l'heure du changement d'ange se fait attendre. Nous passons souvent trop vite d'un ange à l'autre, de la passion de Jésus Christ à sa Résurrection, comme si elle allait de soi. Et nous sautons par-dessus la longue nuit du Samedi saint. Longue, longue nuit qui dure

1. Bernard Feillet, « L'homme du Samedi saint », *La nuit et le fou*, Centurion, 1983, pp. 51-52.

deux nuits et un jour. Nuit si longue pour celles et ceux qui vivent sans fin à l'heure du Vendredi, pour qui la passion dure bien au-delà d'un jour, bien au-delà du supportable. Nuit interminable de celles et ceux qui n'ont jamais vu la couleur de l'ange du réconfort de l'agonie, qui n'ont pas entendu sa voix, ni perçu son souffle si léger, et stationnent dans le brouillard épais du deuil, sans voir comment sortir de cette purée de pois.

Écrivant ces lignes, j'ai des visages en tête, tant il est vrai que la prison souvent s'apparente à cette nuit sans jour et sans espoir qu'ont connue les amis de Jésus à l'heure de sa mort, quand il fallait rentrer chez soi pour le sabbat, laissant le corps de l'ami torturé enfermé dans la nuit, emprisonné derrière la grosse pierre roulée. Comment va-t-elle faire, cette femme, qui, au cours d'un épisode dépressif sévère, a tué son enfant ? Comment va-t-elle vivre avec son geste et le son de cette voix – « Non, maman, pas cela ! » – maintenant que, sortie de l'obnubilation de la mélancolie délirante, elle prend conscience de ce qu'elle a fait, elle, de ses mains ? Et cette autre femme qui revient pour la dixième fois en prison, perdue, car emmenée par les stupéfiants en des ornières dont elle ne sort pas, verra-t-elle un jour autre chose que la nuit ? Et tant d'autres, tant d'autres... Nous sommes tous incapables de répondre à cela, muets le plus souvent, car toute parole qui tenterait de justifier l'injustifiable serait blasphème. L'énigme du mal et de la mort reste un cratère dans lequel tout discours lénifiant se dissout.

Mais que dire quand celui dont on pleure l'absence est mort à l'aube de sa force, à 33 ans, vendu par un de ses meilleurs amis, humilié et torturé à l'issue d'un procès truqué, condamné par le pouvoir politique sous la pression de l'élite religieuse ? Que dire, si l'on prend au sérieux les Écritures, et si l'on croit que cet homme était Fils de Dieu ? Le Fils de Dieu lui-même mis au tombeau par les hommes, chez les hommes, est-ce seulement concevable, si l'on s'y arrête un peu ? Car il faut s'y arrêter, accepter l'inconcevable et, comme Marie de Magdala, rester là dans la nuit à « regarder où on l'avait mis » (Mc 15, 47). Des théologiens de renom, comme Hans Urs von Balthasar, ont longuement et magnifiquement médité sur ce temps de grand vide liturgique[2]. Mais n'oublions pas la très juste formule de Benoît XVI faisant du Samedi saint une *terra nul-*

2. Voir, par exemple, Hans Urs von Balthasar, *Pâques, le mystère*, Cerf, 1996.

lius : « Le Samedi saint est une “terre qui n’appartient à personne”. [...] Mais dans cette “terre qui n’appartient à personne” est entré l’Un, l’Unique qui l’a traversée avec les signes de sa Passion pour l’homme[3]. » Les théologiens des premiers siècles ont ainsi formulé ce mystère dans le *Credo* : « Il est descendu aux enfers. » Ultime « descente » du Fils de Dieu qui, non seulement a partagé notre vie humaine, a pris notre peau, s’est fait l’un de nous, mais a assumé la mort pour ne pas nous lâcher la main, jusque-là. « Il s’est vidé de lui-même », écrit Paul aux chrétiens de Philippes (Ph 2, 7). Jusque dans la mort. Pour nous en sortir.

Il n’est pas trop de deux nuits et d’un jour pour écouter ce silence et se taire devant un tel mystère. La liturgie nous offre, dans les offices des Ténèbres qui scandent le Triduum pascal, un très beau texte, lu le Samedi matin. Cette homélie du IVe siècle attribuée à saint Épiphane de Salamine commence par ces mots : « Un grand silence règne aujourd’hui sur la terre, un grand silence et une grande solitude ; un grand silence parce que le Roi dort. La terre a tremblé puis s’est calmée parce que Dieu s’est endormi dans la chair, et il a réveillé ceux qui dormaient depuis des siècles. » Croire à toute force que le Christ mort rejoint toutes nos morts, y compris les plus longues, nous oblige à une forme de veille têtue, les yeux grands ouverts, pour tenter de se laisser emmener dans le profond mystère de la nuit qu’Il traverse.

La nuit de Dieu, autre nom de sa présence

« C’était déjà environ la sixième heure ; l’obscurité se fit sur toute la terre jusqu’à la neuvième heure. (Lc 23, 44) »

La grande ténèbre qui survient à la sixième heure enveloppe les trois longues heures de l’agonie du Fils, où l’on n’entend plus rien, sinon la mort qui vient. Elles enveloppent les larrons, celui de droite et celui de gauche, celui qui se moque et celui qui supplie, celui à qui la tradition a donné un prénom, Dismas, et l’autre, figure du refus. Mais qui écoute attentivement l’autre larron – le mauvais, celui qui

3. À l’occasion de l’ostension du Saint Suaire, le pape Benoît XVI s’est rendu à la cathédrale de Turin pour y vénérer la relique, le dimanche 2 mai 2010, et il y a donné une méditation, « Le mystère du Samedi saint » (sur *https://eglise.catholique.fr*).

se moque – peut pourtant entendre comme une petite voix qui n'est pas que moquerie : « Sauve-toi toi-même, et *nous* avec. » Ce « nous » ouvre une microbrèche, un coin dans la masse de marbre de son cœur et peut-être ce coin sauve-t-il tout.

Alors la nuit de Dieu, autre nom de sa présence, s'engouffre dans cette brèche, l'élargit suffisamment avec soin et dispose ce larron, celui que l'on ne veut pas être, à s'écarter d'un cheveu du ressentiment qui l'anime pour *entendre*, un peu, dans ce « nous », le silence douloureux et torturé de ses voisins de croix, ses ultimes compagnons.

La grande ténèbre de la sixième heure s'étend alors. Elle s'étend à rebours vers la longue veille du Fils, au Golgotha, désertée de l'amitié des siens qui dorment. Elle devient comme une unique présence mystérieuse qui accueille en ses bras toutes les supplications de tous les temps, enroulées dans la supplication du Fils. Elle s'étend vers la nuit de la trahison quand Judas est sorti dans le noir, elle est tissée de toutes les nuits dans lesquelles le Fils respirait la prière du Père.

Elle s'étend vers le bas, vers les ténèbres d'en bas, pour envelopper le royaume de la mort d'un autre manteau que celui du désespoir. Elle s'étend vers le haut et intime l'ordre aux anges et aux archanges de se taire, un temps, deux temps, et la moitié d'un temps, car leur chant pourrait abîmer plus encore le cœur des enfants ensanglantés qui les entendraient. Car les enfants entendent les anges et l'enfant que chacun de nous fut se souvient, au fond du fond de lui-même, de leurs chants. On dit qu'il se fit dans le ciel un silence d'une demi-heure.

La grande ténèbre poursuit sa route et s'étend en largeur dans le temps, elle enveloppe les larmes des filles de Jérusalem. Elle va rejoindre Rachel qui pleure ses enfants, tous les innocents dont l'enfance ou la vie a été ravie par les méchants, tous les hommes et les femmes oubliés ou désolés dont la vie s'est fracassée sur le mur du malheur, qu'il soit provoqué ou subi. Elle s'étend jusqu'aux premiers jours du monde, quand le chaos régnait, et, d'un mot, elle sépare la nuit d'en haut et la nuit d'en bas, la nuit qui offre un repos et celle qui condamne à l'errance.

Dans un grand mouvement de consolation, elle enveloppe la création souffrante, exténuée, de sa chape. D'un geste, elle avale les nuits de malheur et les fautes des hommes qui s'y sont noyés ; elle les jette loin derrière elle, au-delà de l'ombre du Père, là où nul jamais n'ira et, avec elle, jette l'Ennemi, le maître de l'illusion, le serpent vorace et menteur dont la langue double et accusatrice, brille, brille, fascine mais jamais n'éclaire, car elle embrouille tout ce qu'elle touche.

Durant les trois grandes heures de l'agonie du Christ, la grande ténèbre de la sixième heure s'enroule sur tout ce qui existe. Elle est la tristesse du Père qui s'étend sur le monde. Elle accompagne la descente aux enfers du Fils, commencée bien avant sa mort, dans cette mascarade de procès, et cette accélération brutale commune à toutes les catastrophes que l'on n'avait pas vu venir. Elle se prépare à recevoir son souffle, à le recueillir et à l'abriter.

Pendant ces trois longues heures de nuit, elle accompagne le Christ en sa déréliction. Le Samedi saint commence là, dans son agonie. Le silence du Père envers le Fils et cette ténèbre qui l'accompagne sont son propre secret. Il s'y laisse blottir, peut-être même dans l'ignorance de ce qu'elle est, il y glisse et, enveloppé de nuit, il descend là d'où nul n'est remonté.

Cette grande ténèbre vient vers nous. Elle enveloppe nos drames, nos grands malheurs et nos pauvres tragédies, nos colères et nos absences, nos inconséquences et notre lâcheté. Elle porte jusqu'à nous la supplication du Fils et son intercession en notre faveur : « Père, remets-leur, car ils ne savent ce qu'ils font. » Elle recouvre nos peurs, nos affections, nos amours, notre générosité, notre grande attente du jour. Elle est silence. Elle est retrait. Elle prend tout. Elle porte avec le Fils son fardeau sans mot dire. Elle accepte tout, supporte tout, endure tout.

Alors, enfin, le Fils peut laisser aller le souffle dans lequel il nous avait aimés, afin de le laisser rejoindre la grande nuit d'où il était né, et dire un dernier mot à son Père : « Entre tes mains je remets mon esprit. »

Jusqu'au bout de la nuit

Et voilà qu'il fait nuit. La divinité a fermé les yeux devant l'infinie douleur, le désastre de la mort du Fils unique. Le Père a fermé les yeux et il fait nuit. Et toutes les nuits du monde et les nuits de tous les temps se taisent et se rassemblent dans cette unique nuit.

Alors la ténèbre se repose. Elle ne souffre plus d'avoir dû s'offrir en linceul au cri du Fils. Le repos de la ténèbre offre une suspension au temps. Elle attend. Elle s'enfonce dans la nuit du temps et l'enveloppe de son silence. Elle attend le commencement du jour nouveau, l'achèvement de la Création. Et, dans cette parenthèse qui rompt tout ordre créé, dans ce coin enfoncé au cœur de marbre du mauvais larron, elle fait son œuvre, en accompagnant celle du Fils endormi.

C'est peut-être en elle qu'il faut nous laisser déposer, comme un enfant dans son berceau. Elle est notre demeure originelle et inconnue. Notre véritable maison, dont le nom est glissé au début du treizième chapitre de l'évangile de Jean. « Ayant aimé les siens qui étaient dans le monde, il les aima jusqu'à la fin » (Jn 13, 1). « Jusqu'à la fin », jusqu'au bout de la nuit, jusqu'en son silence, jusqu'en son retrait, jusqu'au fond des enfers, jusqu'à l'achèvement du grand sabbat de Dieu.

« Jusqu'à la fin. » Oui, c'est là notre demeure. Par la bonté du Père, il nous a été donné la capacité d'aimer, bon an, mal an, avec nos mots et nos mains, jusqu'à la fin.

Jusqu'à la fin de nos forces, de notre courage, de nos jours.

Humblement, ordinairement, patiemment.

Jusqu'à la fin.

Il n'y a d'autre lieu pour accueillir le Ressuscité que celui-ci : « jusqu'à la fin », car « chaque seconde est la porte étroite par laquelle le Messie peut entrer dans l'Histoire », écrivait Walter Benjamin.

De cette porte étroite, d'où l'inouï peut surgir, la grande ténèbre de la sixième heure qui s'étend le Samedi saint dans la longue attente de l'heure du changement d'ange est la matrice. « Viens, Seigneur Jésus ! »

TEXTE

Ô nuit, dans un grand linceul tu ensevelis

CHARLES PÉGUY

Tout était consommé.

Ce qu'il fallait. Comme il avait fallu. Comme mes prophètes l'avaient annoncé. Le voile du Temple s'était déchiré en deux, depuis le haut jusqu'en bas.

La terre avait tremblé ; des rochers s'étaient fendus. [...]

Et environ la neuvième heure, mon Fils avait poussé

Le cri qui ne s'effacera point. Tout était consommé. Les soldats s'en étaient retournés dans leurs casernes.

Riant et plaisantant parce que c'était un service de fini.

Un tour de garde qu'ils ne prendraient plus.

Seul un centenier demeurait, et quelques hommes.

Un tout petit poste pour garder ce gibet sans importance.

La potence où mon fils pendait.

Seules quelques femmes étaient demeurées.

La Mère était là.

Et peut-être aussi quelques disciples, et encore on n'en est pas bien sûr.

Or, tout homme a le droit d'ensevelir son fils.

Tout homme sur terre, s'il a ce grand malheur

De ne pas être mort avant son fils ; et moi seul, moi Dieu,

Les bras liés par cette aventure,

Moi seul à cette minute père après tant de pères,

Moi seul je ne pouvais pas ensevelir mon fils. [...]

C'est alors, ô Nuit, que tu vins et dans un grand linceul tu ensevelis
Le Centenier et ses hommes romains,
La Vierge et les saintes femmes,
Et cette montagne, et cette vallée, sur qui le soir descendait,
Et mon peuple d'Israël et les pécheurs et ensemble celui qui mourait, qui était mort pour eux
Et les hommes de Joseph d'Arimathée qui déjà s'approchaient
Portant le linceul blanc.

Le porche du mystère de la deuxième vertu,
Gallimard, « Poésie », 1986, p. 156.

CHARLES WRIGHT

Lueur de la nuit

Charles de Foucauld et l'épreuve de l'ombre

De la crise existentielle et spirituelle la plus grave à laquelle Charles de Foucauld doit faire face, il jaillit un long consentement à son humanité, une manière nouvelle de s'adresser aux Touaregs. Enseignement aussi pour l'Église, pour chacun de nous, quant à la position que nous devrions adopter face à l'épreuve.

Des crises, la vie aventureuse de Charles de Foucauld (1858-1916) n'en a pas manqué. Mais celle de l'hiver 1907 tient une place à part, à cause de sa rudesse et de son intensité. D'un seul coup, Foucauld sombre dans une dépression, une sorte de béance existentielle, comme si le sol se dérobait sous ses pas. Doutes, angoisses et sentiment d'échec l'enténèbrent. Le missionnaire perd le cap et ses assurances. C'est la nuit. La mort est proche. Plus rien n'a de sens. Pourtant, c'est à l'issue de cette épreuve de l'ombre qu'il va devenir le « phare mystique » (Yves Congar) qui n'en finit pas d'éclairer nos pas, donnant raison à Victor Hugo dans les *Contemplations* : « Chaque homme dans sa nuit s'en va vers sa lumière. »

En attendant, le voici cloué au lit, dans son gourbi de Tamanrasset. Il y a deux ans qu'il a planté ses pénates dans ce coin du Hoggar. Ces années sahariennes l'ont exténué. Il est à vif et à vide. Le 20 janvier

1908, incapable de se lever, il croit que c'est la fin. À bout de forces, il note dans son journal : « Jésus, Marie, Joseph, je vous donne mon âme, mon esprit et ma vie[1]. » Il faut dire que le marabout ne s'est pas ménagé. Ses rares visiteurs ont tous été frappés par la frugalité de son mode de vie. Même si son beau sourire édenté rayonne, sa maigreur impressionne. « Ce saint homme mène la vie la plus anti-hygiénique », dira de lui un médecin[2]. Éclairé à la bougie, Charles travaille comme un forcené, jusqu'au surmenage, à ses études du touareg. Son régime est invraisemblable : ni viandes, ni légumes, ni crudités. Son repas : quelques dattes et un morceau de galette trempé dans du café noir. Pas besoin d'être nutritionniste pour deviner des carences abyssales. En décembre 1907, il tombe gravement malade. Il se sent faible, n'a plus d'appétit, n'arrive plus à dormir. L'ascèse l'a usé. Il est aussi victime d'une attaque de scorbut avec son cortège de maux de tête et d'évanouissements. « Je souffle comme un vieux cheval poussif », écrit-il à sa cousine.

Une vie stérile

À l'épuisement physique s'ajoute la solitude affective. Voilà plusieurs mois qu'il n'a plus reçu la moindre lettre de ses proches. Les nouvelles de Marie de Bondy, sa chère cousine, et de son accompagnateur spirituel, le père Henri Huvelin, les deux piliers de son existence, se font cruellement attendre. Dans ces heures de peine, il aurait tant besoin de leur affection. Il se sent abandonné, seul.

D'autant que, depuis onze mois, il n'a vu que deux Européens passer à son ermitage. Or, c'est de la présence de ces visiteurs que dépend la possibilité de dire la messe, la règle de l'Église voulant alors qu'un prêtre ne puisse célébrer sans la présence d'au moins un chrétien à ses côtés. Ce jeûne eucharistique lui coûte beaucoup. Pour la première fois depuis sa conversion, en 1886, il n'a pas pu célébrer Noël. On sent une douleur vive dans le mot qu'il expédie à sa cousine, la nuit de la Nativité 1907 : « Jusqu'à la dernière minute, j'ai espéré qu'il viendrait quelqu'un. »

1. Charles de Foucauld, *Carnets de Tamanrasset, 1905-1916*, Nouvelle cité, 1986, p. 87.
2. Pierre Bonnette, *L'œuvre des médecins sahariens*, La médecine internationale, 1935, p. 135.

Là-dessus sévit depuis deux ans une sécheresse terrible. C'est la famine. « Les chèvres sont aussi sèches que la terre, et les gens autant que les chèvres », écrit-il. Pour soulager ses voisins, le missionnaire a organisé ce que François-Henry Laperrine, le commandant des Oasis, appelait les « dînettes » du père : « Une fois par jour, tous les gosses de la région se réunissaient chez lui et mangeaient à leur faim[3]. » Mais, dans sa générosité sans limites, Charles a manqué de prévoyance : ses réserves de grains sont vides, il n'a plus rien à manger. Et puis il est déçu de constater que depuis qu'il leur a distribué toutes ses aumônes, les Touaregs ne viennent plus le voir…

Tous ces malheurs, joints à la maladie, le plongent dans une crise existentielle. Le doute le saisit. Il s'interroge sur le sens de sa présence là-bas. Fait-elle un peu de bien ? Sert-elle vraiment à quelque chose ? Qu'est-ce qu'il est venu faire dans ce désert ? Depuis deux ans, il n'a converti personne. Pire, sa présence semble susciter une poussée islamique : Moussa ag Amastan, l'amenokal des Touaregs, projette de faire construire une mosquée et d'islamiser la région. À 50 ans, Charles a le sentiment d'avoir tout raté. Sa vie lui semble stérile, inféconde, son œuvre un échec sur toute la ligne. Réduit à rien, impuissant, triste à en mourir, le cœur du missionnaire se brise.

Révélation de la nuit

Les mystiques et les artistes le savent : il y a un enseignement de la nuit, une liaison intime entre l'illumination et la ténèbre. « La nuit en sait plus que l'aurore », soutient Victor Hugo. Le peintre Pierre Soulages, lui, parle d'une « lumière secrète venue du noir ». Souvent, dans le silence nocturne, d'imperceptibles intuitions adviennent, comme si le dépouillement, l'obscurité, le vide murmuraient des secrets à l'oreille. Et si, dans sa traversée de l'opacité, Foucauld avait entrevu une lueur ? Sans doute n'a-t-il jamais mesuré la portée de son épreuve, mais j'aime croire que la crise qu'il a vécue n'était pas qu'une crise personnelle, qu'elle avait une dimension ecclésiale. Un peu comme si, durant ce rude hiver 1907-1908, il avait vécu à l'intime, dans ses entrailles, l'effondrement de tout un paysage religieux : une

3. François-Henry Laperrine, « Les étapes de la conversion d'un houzard », *Revue de cavalerie*, 1913, p. 365.

certaine conception de la mission, un style d'Église, un visage de Dieu. La nuit de Foucauld serait alors la nuit d'un certain christianisme, celle dans laquelle nous sommes encore plongés, marquée par la perte de tant de certitudes métaphysiques et religieuses. D'un seul coup, des pans entiers d'un édifice millénaire qui semblait aller de soi tombent en ruines. Un clivage se produit entre le langage, les représentations et les choses, comme si les mots de la foi ne collaient plus à ce qu'on vit. Tout est à redire, à revoir. Un monde meurt, un autre se cherche. Foucauld est touché par le scorbut, mais c'est peut-être d'abord par ce séisme qu'il est atteint dans la chair.

Un nouveau paradigme missionnaire

À l'époque de Charles, on croit qu'en dehors de l'Église, il n'y a « pas de salut ». Le but de la mission est d'implanter des chrétientés, de recruter des adeptes, de faire grossir les statistiques. Sauf qu'à Tamanrasset, le marabout constate l'épuisement de ce modèle. Il n'arrive à baptiser personne et découvre que les Touaregs ont leur passé, leur culture, leur religion. Aussi ardente soit-elle, sa prédication reste un produit d'importation qui ne les atteint pas en profondeur. Tout son bagage spirituel et missionnaire reste inopérant, extérieur à leur vie. L'échec de Charles est celui d'une approche de la mission et pose cette question d'actualité : comment annoncer l'Évangile dans une époque postcoloniale, et dans un nouvel âge de la conscience marqué par le pluralisme des cultures et des religions ? Charles n'a pas l'outillage théologique pour penser ce qu'il vit mais, à partir de janvier 1908 et jusqu'à sa mort, il va esquisser un nouveau paradigme missionnaire adapté à ces temps de postchrétienté.

Jusqu'alors, il se voyait en sauveur, apportant l'Évangile et le progrès. Mais, durant l'hiver 1907-1908, la situation s'inverse, ce sont les Touaregs qui le sauvent. Conformément aux lois de l'hospitalité nomade, ils vont récolter pour lui le lait de chèvre dont ils auraient eu besoin pour leurs propres enfants. Il faut imaginer l'ancien officier impérieux biberonné comme un bébé par ses hôtes ! Son impuissance l'a fait chuter de son piédestal de supériorité. Désormais, il n'a plus rien, ne peut plus rien. Il découvre la rude condition du disciple du Nazaréen : avoir les mains vides. Il prend conscience que, jusqu'ici, il était trop riche. Sa maison était toujours pleine de choses à donner.

Il avait la vérité de la foi, de la civilisation. Finalement, il ne s'intéressait pas à ses hôtes. À partir de là, il va commencer à entrer en relation avec eux, ce qui suppose la réciprocité. L'amour n'est-il pas un échange, une « communication mutuelle[4] » consistant autant à recevoir qu'à donner ?

C'est alors qu'il abandonne aussi toute idée de conquête des âmes. Dans l'annonce de la foi, prêche-t-il désormais, il faut « bannir l'esprit militant[5] », ne forcer aucune conscience. Le géographe Émile-Félix Gautier se souvient : « En quinze ans de Sahara, il n'a pas fait une seule conversion. Il n'avait pas du tout le souci du prosélytisme[6]. » À tous ceux qui veulent le rejoindre, Charles répète qu'il ne faut surtout pas « parler dogme à la population » mais se faire « l'ami de tous », et fixe son programme : « Amour, amour, bonté, bonté[7]. » Il pense qu'il y a une haute voix des actes, que ce sont les gestes qui parlent. Il veut crier l'Évangile par sa vie[8]. Il appelle cela « l'apostolat de la bonté » : être présent, doux, affectueux, manifester de l'amitié dans les petites choses, « avoir cette tendre délicatesse qui entre dans les détails[9] ». Bien avant les papes Benoît XVI et François, il croit que l'Évangile grandit non par prosélytisme mais par attraction.

Le style chrétien

La crise de l'hiver 1907-1908 signe aussi la fin du surhomme et d'une spiritualité ascétique, que Nietzsche, contemporain de Foucauld, critiquera à juste titre comme une négation du vouloir-vivre. Jusqu'alors, Charles avait complètement négligé son corps. Il pensait que c'est par le mépris de celui-ci et l'intensité de son abjection qu'il allait progresser dans la vie spirituelle, oubliant que le culte de l'ascèse est souvent un culte du moi. À partir de janvier, il se détache de cette quête de perfection et entre peu à peu dans

4. Expression d'Ignace de Loyola dans « Contemplation pour obtenir l'amour », *Exercices spirituels*, § 231.
5. Lettre à Joseph Hours du 3 mai 1912, dans Charles de Foucauld, *Correspondances lyonnaises (1904-1916)*, Karthala, 2005, p. 92.
6. Émile-Félix Gautier, « Deux Algériens », *La revue de Paris*, 1919, p. 292.
7. Lettre à Joseph Hours, 9 janvier 1912, *op. cit.*, p. 89.
8. « Toute notre vie, si muette qu'elle soit, doit être une prédication de l'Évangile par l'exemple » (*Œuvres spirituelles*, Seuil, 1958, p. 395).
9. Charles de Foucauld, *La bonté de Dieu*, Nouvelle Cité, 1996, p. 124.

cette démarche d'humilité qui consiste à souscrire aux obligations de son corps, à manger et à dormir comme tout le monde. Pour se refaire la cerise, il écrit à Laperrine de lui envoyer d'urgence du lait concentré, des conserves, un peu de vin et une boîte de chocolats van Houtten. Sa vie ne sera plus désormais qu'un long consentement à son humanité. Longtemps, il a cru que, pour rencontrer Dieu, il fallait se détacher du créé, de la matière, s'angéliser. D'un côté, se trouvaient les choses pures et spirituelles ; de l'autre, les choses impures et profanes. Mais le Dieu de Jésus Christ, en prenant chair, nous a libérés de ce schéma. Désormais, il ne reste plus rien de profane. La réalité du monde n'est plus un écran : elle est un écrin à la présence divine. Nous ne sommes plus exilés dans la matière, car la matière est habitée par Dieu. « Chercher et trouver Dieu en toutes choses », dans le charnel, le quotidien, l'ordinaire des jours, les choses banales et prosaïques, le visage des autres, voilà à quoi nous sommes, dès lors, appelés. À une théologie du détachement succède une spiritualité de l'attachement : s'engager dans le monde, aimer, se lier, fraterniser, avoir un regard capable de déceler la beauté des êtres et des choses. La conversion foucauldienne de 1908 dessine ainsi une nouvelle manière d'être chrétien : une Église pauvre, dépouillée de toute puissance, qui n'est pas d'abord là pour convertir, mais pour offrir une présence d'amitié gratuite, se mettre au service de la liberté des gens, être pour eux des compagnons d'humanité, des éveilleurs de sens et des sourciers, leur révélant ce qu'ils ont de beau et de grand.

Les sentiers de la nuit

Même si les autres religions relevaient alors d'une « théologie des infidèles », Foucauld désirait « que tous les humains aillent au ciel » et osait affirmer, à propos des Touaregs musulmans : « Je suis certain que le Bon Dieu accueillera au ciel ceux qui furent bons et honnêtes sans qu'ils soient catholiques romains[10]. » Cette audace théologique, étonnante en son temps, on aimerait que les chrétiens s'en inspirent pour dessiner les contours d'une Église moins tentée par l'infaillibilité, une Église qui cherche, qui doute, qui n'a pas

10. P. Bonnette, *op. cit.*, p. 96.

réponse à tout et n'a pas peur de s'aventurer dans les sentiers de la nuit. Dieu n'est-il pas l'Ineffable, l'Incompréhensible, l'Inconnu, au-delà de tout, y compris des rituels, des formules, des Églises ?

Pour Foucauld, le mois de janvier 1908 s'achève comme une résurrection. Enfin, une lettre de sa cousine arrive. Le malade reprend des forces. Le 31, il apprend par Laperrine qu'il a obtenu du pape l'autorisation de célébrer la messe sans assistant. C'est la joie ! En février, il reprend ses traductions, mais dans des proportions raisonnables, à mi-temps. Puis, début mars, deux chameaux lui apportent le ravitaillement tant espéré. Dans ses lettres, on sent une pesanteur qui tombe, une vitalité, un élan. Manifestement, cette crise a été un passage. Charles revit. Pour autant, il ne faut pas imaginer que le reste de son existence sera un chemin recouvert de roses. Il n'y a pas de vies faciles. Dans l'existence chrétienne, la nuit se change en lumière, mais sans jamais cesser d'être la nuit. *Splendeur de la vérité*, titrait un pape au siècle dernier, comme si la suite du Christ était une illumination permanente, un feu d'artifice, alors que le régime ordinaire de la foi relève du clair-obscur. Le plus souvent, jour et nuit ne se succèdent pas, ils sont contemporains. Toute révélation exige un voilement. C'est pourquoi il ne faut pas avoir peur d'affronter la nuit, de s'y enfoncer avec confiance, éclairé à la lueur de l'Évangile, cette petite lumière pour nos pas.

Conseil de lecture :
Antoine Chatelard, *Charles de Foucauld, Le chemin vers Tamanrasset*, Karthala, 2003.

TEXTE

Jésus « de nuit »

CHRISTIAN DE CHERGÉ

La « tradition de l'Ordre » nous invitant à une prière nocturne peut d'abord être reçue comme liée à l'exemple et à la pratique de Jésus. Le moine serait ainsi voué à l'imitation de Jésus « de nuit ». D'autres, en Église, peuvent recevoir l'appel à suivre Jésus de plus près dans les divers exercices de la vie publique. Nous avons déjà parlé longuement, au chapitre de l'oraison, de la prière de Jésus, soulignant combien elle privilégiait la nuit (et la solitude), dans l'ensemble des évangiles. Dès le début de son récit, alors que Marc semble entreprendre la description d'une « journée type » de Jésus, il nous est dit : « Au matin, à la nuit noire, Jésus se leva, sortit et s'en alla dans un lieu désert. Là, il PRIAIT… » (Mc 1, 35). En Luc 6, 12 (cité cette nuit) : « Jésus passa la nuit à prier Dieu ; le jour venu, il appela… » Chez Matthieu, ce passage lu avant-hier, après la multiplication des pains. Et mentionné encore, en ce jour, l'épisode de la Transfiguration chez Luc. Luc est le seul à préciser que c'est pour PRIER que Jésus entraîne, à l'écart sur la montagne, Pierre, Jacques et Jean. C'est pendant qu'il priait que l'aspect de son visage change… Il n'est pas dit, cependant, que cela soit « de nuit ». Ce serait donc une exception notable, même si les détails évoquent Gethsémani. Sauf à interpréter un petit fait que Luc est seul à signaler : ils étaient écrasés de sommeil. Pourquoi ne pas imaginer que la chose soit d'autant plus naturelle que l'heure s'y prêtait ? La Transfiguration survenant de nuit, pourquoi pas ? Au même titre que la Résurrection qui en sera l'accomplissement définitif lié à la foi. C'est de nuit que Jésus sort du tombeau… Jean souligne que les femmes s'y rendent, au petit matin, alors qu'il faisait encore sombre. Ce qui donne à la tradition quotidienne des moines le sens d'une attente renouvelée de la résurrection longtemps célébrée en Église dans la vigile du samedi soir. Jésus a suffisamment fréquenté la nuit pour savoir l'angoisse des ténèbres... mais aussi pour pouvoir s'imposer comme celui « qui ne trébuche pas la nuit ». En lui, Dieu s'est fait, se fait NUIT, comme le chante l'hymne des Vêpres à Marie (hier soir).

Extrait de *Heureux ceux qui prient, Maison de prière pour tous les croyants*, Bayard – Cerf – Abbaye de Bellefontaine, « Les écrits de Tibhirine », 2024.
Première publication dans Dieu pour tout jour, *chapitres du père Christian de Chergé à la communauté de Tibhirine (1986-1996), chapitre « Jésus de nuit » du 6 août 1992, éditions de Bellefontaine, « Bellefontaine », n° 1, 2010 (nouvelle édition enrichie), pp. 405-406.*

CHRISTOPHE PICHON

Les cris vers Dieu d'une femme contemporaine

Les cris de détresse d'une femme qui endure le malheur depuis trop longtemps se transforment en plainte de type psalmique. Car elle est familière de la Bible. Son malheur entre alors en résonance avec le malheur de bien d'autres, susceptible de leur donner une voix.

Une femme crie vers Dieu. Elle est au téléphone avec Maryvonne Caillaux, membre de « La pierre d'angle »[1]. L'écoutante est saisie par ce qu'elle entend. Elle est en relation avec son interlocutrice, Marie-Noëlle Nachard, depuis une dizaine d'années. Au fil des conversations, Maryvonne écrit les paroles de Marie-Noëlle, de mémoire. Ces textes sont regroupés dans un recueil publié en 2024 sous le titre : *Prières et cris d'en bas*. Maryvonne écrit : « Près de toi, je recueille tes mots au hasard, comme des perles enfilées sur le fil des jours, sans savoir, sans rien espérer d'autre que rien ne soit perdu[2]. »

1. « La pierre d'angle » est une fraternité (créée en 2001) entre des personnes en situation de pauvreté et d'autres qui les rejoignent. Elles se retrouvent autour de la personne de Jésus et à partir de la spiritualité du père Joseph Wresinski (1917-1988).
2. Marie-Noëlle Nachard, *Prières et cris d'en bas*, avec la participation de Maryvonne Caillaux, Salvator, 2024.

Quelle expérience peut faire un lecteur quand il est confronté à ces cris de Marie-Noëlle, mis par écrit ? Le mieux est de lire d'abord pour lui-même un de ses vingt-neuf textes, d'essayer de l'entendre jusqu'où il est possible, sans avoir soi-même traversé la ténèbre de Marie-Noëlle. Puis, nous pourrons nous laisser étonner par la proximité de ce cri avec ceux des persécutés du psautier de la Bible canonique.

Entendre le cri d'une femme contemporaine

« Mon Dieu, je crie vers toi. Regarde !
Ils se réjouissent de la souffrance des malheureux.
Mais je le sais, un jour la Justice divine se manifestera.
Vois, Seigneur, tout le monde tape sur mes cicatrices.
Je sais que tout cela, ce sont des épreuves de la foi.
C'est le Seigneur qui se charge de faire justice.
J'attends, j'attends dans mes larmes et ma solitude.
Je suis sûre que le Seigneur va m'aider.
C'est lui qui se charge de faire justice.
La Bible dit : une mère est joyeuse avec ses enfants !
Mais moi, on m'a enlevé mes enfants.
On a fait éclater ma famille.
On dit que j'ai abandonné mes enfants,
Mais ce sont eux qui les ont arrachés de mes bras.
Mon cœur est déchiré, arraché de ma poitrine.
Je crie dans le silence.
Je prie, je ne peux pas dire que je jeûne :
Parce que toute l'année je mange juste un peu de pain.
Les pauvres, on les oublie : elle est où, la justice ?
Venez voir chez moi !
Elle est où, la justice ?
Je suis découragée. »

Retenons quelques éléments de la prière de Marie-Noëlle[3]. « Mon Dieu, je crie vers toi. » Il lui importe d'abord de faire comprendre à « son » Dieu, à qui elle s'adresse, quelle sorte de parole elle entend

3. *Ibid.*, pp. 33-34.

proférer : un cri. Elle dira plus tard qu'elle est seule (« ma solitude »). Dieu apparaît ainsi comme son seul interlocuteur. Quand elle crie, tout en pleurant (« mes larmes »), c'est d'abord pour que son Dieu « regarde ». Elle répète un peu plus tard : « Vois, Seigneur. » Dieu est donc capable d'entendre le cri et de la regarder.

Elle exprime son expérience corporellement et affectivement. Les sentiments sont mis en contraste. Certains « se réjouissent de la souffrance des malheureux », quand la joie lui est inaccessible. Car, si, comme l'affirme « la Bible », « une mère est joyeuse avec ses enfants ! », comment une mère pourrait-elle l'être sans eux ? « *Mais moi*, on m'a enlevé mes enfants » sonne comme un questionnement sur ce que dit la Bible. Marie-Noëlle exprime aussi son épreuve, à l'aide d'images corporelles :

– « Tout le monde tape » sur ses « cicatrices », non sur des plaies. Le mot « cicatrice » dit le temps écoulé pour que les plaies se referment ;

– Un « cœur » déchiré et même « arraché de [s]a poitrine », du fait des enfants « arrachés » de ses « bras » (ses enfants ont été placés).

Dans cette situation, elle « sait » et elle « attend » :

– Son savoir porte d'abord sur la manifestation de la justice divine : « *Je le sais*, un jour, la Justice divine se manifestera. » Elle sait aussi quelque chose concernant ce qu'elle subit : « *Je sais que* tout cela, ce sont des épreuves de la foi. » Elle a acquis un savoir par l'expérience. Elle a de l'expérience faite de persévérance, de résistance, de fidélité aussi : continuer de « faire confiance », de « se fier à », de « mettre sa foi en ». Si elle ne précise pas la foi en qui ou en quoi, la suite le dessine.

– Elle attend (« J'attends, j'attends ») tout en étant « sûre » de l'aide à venir du Seigneur. Elle n'avait parlé jusqu'alors qu'au présent, sauf au moment où elle avait exprimé que « la justice divine *se manifestera* ». Cette fois, elle dit que le « Seigneur va [l]'aider ». De lui seul, peut venir le secours attendu. Elle attend que Dieu fasse justice. Elle répète la même expression : le Seigneur « qui se charge de faire justice ». Elle en charge Dieu, Dieu s'en charge. Il n'y a que lui pour s'en charger (« c'est lui »).

Enfin, alors que ses propos s'enchaînent, il devient plus manifeste que Marie-Noëlle associe étroitement son sort à d'autres qu'elles-mêmes. Elle est parmi « les malheureux » qui souffrent. À la fin, elle nomme un autre collectif : les « pauvres qu'on oublie ». De nouveau, le « on » est mentionné. Elle s'adresse à lui à la deuxième personne du pluriel : « *Venez* voir chez *moi* ! » Ainsi, si elle est seule, elle n'est pas seule à subir son sort. Elle mentionne les malheureux qui souffrent et les pauvres qui manquent de pain, comme elle.

Plongeons maintenant son cri dans le bain révélateur du psautier biblique. D'autres dimensions de son cri apparaissent alors.

Un cri à résonance biblique

Si le cri de Marie-Noëlle Nachard a de fortes résonances bibliques, sans doute est-ce parce qu'elle est elle-même familière de la Bible. Elle la mentionne d'ailleurs dans le texte choisi (« *La Bible dit* : une mère est joyeuse avec ses enfants ! »). Bien plus, *ce qu'elle dit* et *la manière dont elle le dit* s'apparentent à ce que les psalmistes et les rédacteurs du Psautier ont pu composer ensemble.

Un psaume est une unité littéraire, ayant sa logique propre. Il est une prière adressée à Dieu, marqué par l'oralité. Marie-Noëlle choisit des noms avec lesquels elle s'adresse à Dieu (« Mon Dieu, je crie vers toi », « Vois Seigneur », « le Seigneur »). Les psalmistes bibliques font de même. Ils varient les adresses.

Le psautier est le fruit d'un long processus rédactionnel. Des psaumes particuliers ont été regroupés en collection avant de constituer ensemble un livre, qui a ensuite été clos et canonisé. D'une certaine manière, ce processus rappelle l'énonciation singulière de « prières et cris d'en bas » par Marie-Noëlle, leur mise par écrit par Maryvonne, familière de Marie-Noëlle et très attentive à ses paroles, la constitution d'une collection puis d'une publication.

Le contenu lui-même rappelle un genre de psaume particulier : la supplication individuelle. Une telle supplication commence par un appel à Dieu. Le psalmiste précise les raisons de sa plainte. Le juste persécuté crie son innocence alors qu'il est méprisé, rejeté, abandonné. Il mentionne ses ennemis, souvent nombreux et violents ; lui est seul. Il en appelle à la justice de Dieu, ne se fait pas justicier lui-même. Il s'en remet à Dieu pour déjouer les pièges de ses ennemis, dévoiler les fausses accusations, défendre ses droits. Il évoque les sentiments qui le traversent et qu'il perçoit autour de lui. Toutes ces caractéristiques se vérifient pour le texte de Marie-Noëlle. Elle dit sa solitude. Elle n'identifie pas celles et ceux qui lui font du mal mais ils sont là, constitués en collectif (« on »). Elle attend de Dieu qu'il « regarde » et « voit », qu'il fasse justice. Les psalmistes bibliques soulignent aussi fortement la justice de Dieu. C'est de lui seul qu'ils attendent la réalisation de la justice. Telle est l'attente de Marie-Noëlle qui dit, dans un autre de ses cris :

> J'ai besoin de la justice divine.
> Je veux mes droits.
> Je ne demande pas une subvention, ni des indemnités.
> Je ne veux pas d'aide : je veux mes droits !
> Je crierai jusqu'à ce qu'on m'entende. [...]
> Même si je meurs, je continuerai à me battre.
> Je demanderai justice là-haut.
> Et on m'entendra[4].

À la racine du psaume de supplication, se trouve une épreuve, souvent existentielle, voire un danger mortel. Car si un psaume de supplication est un texte littéraire saisissant, soigneusement construit, il est aussi l'écho d'une expérience de détresse profonde. Pour comprendre d'où provient le cri de Marie-Noëlle, il est utile de lire ces lignes qui décrivent sa situation.

> Elle vit à Paris, dans une pièce minuscule, au fond d'une cour, « ma pièce », comme elle dit. Il y fait très froid l'hiver et sombre toute l'année. Depuis longtemps, elle ne trouve pas de travail et vit des *minima* sociaux. Sa santé très dégradée ne lui donne pourtant pas droit au statut d'adulte handicapée. Ce qui veut dire qu'elle vit de presque rien : le revenu de solidarité active [RSA]. Sa demande de logement social, déposée depuis vingt-deux ans, n'aboutit toujours pas. Que dire de plus ? C'est le malheur[5].

Ses enfants ont été placés.

Un psaume de supplication peut s'achever sur une louange pour le salut offert, mais pas toujours. Ce qui domine à la fin de la prière de Marie-Noëlle, ce jour-là, ce sont une question et un sentiment :

4. *Ibid.*
5. « Introduction », dans Laure Blanchon, Jean-Claude Caillaux et Christophe Pichon (dir.), *Au creux du malheur, la lumière ? À l'écoute de ceux qui passent par le gouffre*, Éditions jésuites, 2024, p. 12.

– Elle répète : « Elle est où, la justice ? » après avoir mentionné la manifestation à venir de la justice divine et l'attente d'un « faire justice de Dieu » ;

– Elle termine en exprimant un sentiment : « Je suis découragée. » C'est un état, durable.

***

Le texte de Marie-Noëlle incite à recevoir les psaumes bibliques comme des échos d'expérience, mis par écrit par des tiers qui se sont mis à l'écoute de leurs frères et sœurs en détresse. L'auditeur des psaumes a ainsi accès à une expérience de priant qui accepte de partager quelque chose de son combat et de son espérance. Il faut donc s'approcher, tendre l'oreille, non pour écouter aux portes mais pour essayer d'entendre jusqu'au bout l'histoire dont il est question, les émotions qui traversent celui qui parle, les mots qu'il choisit avec soin et qu'il assemble.

Les biblistes s'interrogent sur les raisons qui ont pu pousser à consigner par écrit, dans un livre, les prières des psaumes. On mentionne notamment le projet des rédacteurs et compilateurs d'aider au recueillement, à l'édification, à l'instruction religieuse. Marie-Noëlle, dans son choix d'accepter la mise par écrit et la publication du secret de ses prières, invite à prendre en compte une autre dimension. Elle le suggère dans la dédicace du recueil : « À mes enfants. » Si Marie-Noëlle accepte que ses paroles soient publiées, c'est dans un souci de transmission de ses paroles, aux siens d'abord, ses enfants dont elle a été séparée. Elle leur partage ainsi le secret de sa vie, sa foi en Dieu mais aussi ses cris successifs, alors qu'elle est loin d'eux. Elle leur transmet des paroles qui pourraient leur être utiles à eux aussi. On pourrait donc aussi recevoir les psaumes bibliques comme des paroles consignées par des proches dont on est séparé. Ils nous offrent des mots pour prier Dieu en révélant en même temps ce qu'a été leur vie entée sur Dieu.

STÉPHANIE LIBREROS

À l'hôpital, prendre soin de nuit

Récit d'une aide-soignante

Dans la nuit de l'hôpital, patients et soignants entrent dans une autre dimension de la vie. L'angoisse pointe, l'étrange refait surface. Mais quelqu'un, toujours, veille au repos libérateur.

Intense. La nuit à l'hôpital est intense. Non pas de cette intensité bruyante et agitée du jour, qui disparaît avec lui. D'une intensité diffuse qui traverse même le jour.

La nuit à l'hôpital est comme la peur : elle déplace notre imagination dans des zones parfois effrayantes et elle maintient tous nos sens en alerte. Elle convoque la possibilité de la mort mais elle nous garde du côté de la vie.

Dans le langage courant, dire : « C'est le jour et la nuit », c'est opposer, distinguer, marquer une différence irréconciliable. Le jour et la nuit à l'hôpital n'échappent pas à cette dichotomie. Ce sont deux mondes bien distincts. Sauf quelques exceptions, les équipes soignantes sont des équipes « de jour » ou des équipes « de nuit ». Dans les grandes structures, il est même commun d'avoir un cadre, gestionnaire des équipes soignantes pour chaque roulement, un de jour et un de nuit.

En tant qu'aide-soignante ou infirmière, c'est même un choix que l'on doit poser dès le début : travailler de jour ou de nuit. C'est un choix structurant. Et les raisons qui poussent vers l'un ou l'autre sont diverses. On peut choisir le jour parce qu'on souhaite vivre, autant que faire se peut, au diapason du reste de la société. À l'inverse, on peut choisir la nuit pour être sûr de voir ses enfants, de les accompagner à l'école ou d'aller les y chercher, d'être présent le plus possible auprès des siens pendant la journée, et de pouvoir s'échapper quand ils dorment. On peut choisir la nuit pour des raisons purement financières, la nuit étant évidemment mieux rémunérée que le jour. Mais on peut aussi choisir la nuit (ou inversement le jour) parce que la relation entre patient et soignant se construit autrement, parce que le rythme de travail est différent, parce que la direction, les ressources humaines et les services généraux sont plus ou moins présents, parce qu'on est plus résistant à la fatigue, parce que l'esprit d'équipe n'est pas le même.

Qu'on choisisse le jour ou la nuit, le principe qui prime est celui de la continuité des soins. Pour prendre soin, il faut prendre soin en continu. La nuit devient prolongement du jour, et le jour celui de la nuit. Au petit matin, l'équipe de nuit confie la responsabilité des patients à l'équipe de jour ; et le soir, ce relais a lieu de nouveau.

Les deux équipes, en fait, n'en forment qu'une seule. Et pourtant, la nuit à l'hôpital, on ne travaille pas de la même façon que le jour. La nuit, tout est vide, noir, silence, solitude… La nuit, et tous les sens sont à l'affût.

La nuit, tout est vide.

Pour celui qui n'est pas familier des lieux, une sensation de vide envahit l'esprit. Dans notre imaginaire (et dans la réalité), un hôpital grouille de monde et d'activités le jour. Des individus en blouse arpentent les couloirs, des fauteuils laissent les empreintes de leurs roues sur le sol, des machines, des chariots et des pieds à perfusion se croisent dans un ballet étrange et habitent l'espace avec une agitation en apparence désordonnée. Cette agitation disparaît presque entièrement la nuit.

La nuit, tout est vide : les parkings, le hall d'accueil, les bureaux administratifs, les couloirs, les chambres des patients elles-mêmes sembleraient vides, s'il n'y avait pas quelqu'un caché sous les draps.

La nuit, tout est vide. Et pourtant l'équipe soignante est là, tel un petit bastion garantissant une présence de vie dans ce grand vide. Par sa simple présence, l'équipe devient cette veilleuse, cette petite flamme qui retient le néant. Par sa fonction, le « prendre soin », elle assure les conditions de réalisation des élans de vie.

La nuit, tout est sombre. Les lumières blanches et presque trop intenses du jour sont remplacées par l'obscurité. Il est difficile de se repérer ou même de ne pas voir des ombres inquiétantes.

La nuit, tout est noir. Presque tout. Des lumières se laissent deviner, discrètes, comme des veilleuses : dans un poste de soin, dans un couloir, au moment du tour de garde, dans une chambre pour vérifier si tout va bien sans trop réveiller le patient. Elles sont discrètes pour ne pas rompre l'essence même de la nuit, mais elles sont là comme pour promettre que le noir de la nuit prendra fin.

La nuit, tout est silence. Les sonnettes d'appel et les téléphones sonnent peu, les conversations sont plus discrètes, les portes ne claquent pas.

La nuit, le silence règne. Et pourtant les bruits sont nombreux. On est à l'affût de tous ces bruits, même sourds, qui viennent rompre le silence : le bruit d'une porte qui s'ouvre est l'indice qu'un patient est sorti déambuler : est-ce un patient désorienté ? Un bruit sourd sur le sol indique une chute : est-ce celle d'un objet ou celle d'un corps ? Le bruit d'un gémissement témoigne d'un inconfort : est-ce un cauchemar ou bien une douleur insupportable ?

La nuit, on est seul. On a moins de monde sur qui compter. Les équipes sont moins nombreuses, on trouve moins facilement de l'aide pour relever un patient, pour changer son lit souillé tout en le rassurant, pour aller chercher le matériel de mobilité nécessaire pour raccompagner celui qui s'est trop éloigné seul de sa chambre… La nuit, la responsabilité d'un soignant revêt une autre dimension.

Il est souvent seul face à ses choix. L'enveloppe rassurante des décisions prises le jour en équipe est plus fine. Les critères de décision sont à la fois trop flous et trop précis : comment, par exemple, évaluer le degré d'urgence qui justifie qu'on dérange le médecin d'astreinte qui se repose après un début de garde très agité ?

La nuit, quand les chefs d'équipe sont absents, on fait souvent seul ses arbitrages. La nuit, les équipes soignantes ne sont pas les seules qui sont isolées, les patients aussi se sentent seuls : « Je laisse la porte de ma chambre entrouverte, comme ça, je peux entendre la personne qui veille dans le couloir, même si c'est léger. Lorsqu'elle passe la serpillière, ça me rassure. »

La nuit, les barrières tombent. Il se passe des choses qu'on maîtrise moins. Les inhibitions des patients, bien présentes le jour, disparaissent la nuit. Et quand les barrières tombent, les mauvaises surprises s'enchaînent : les fringales incontrôlées, les visites inopinées au voisin, les ruminations de l'esprit face au calme du corps et de l'environnement, les angoisses du soir difficiles à faire taire sans une présence familière, rassurante.

Parfois, les angoisses peuvent être calmées par la présence du soignant de nuit, par une tisane, par une oreille accueillante à la parole ou même souvent par des retours en enfance, un doudou, une porte laissée entrouverte, une petite lumière allumée dans la chambre.

L'expérience commune, c'est que la nuit laisse une immense place à l'étrange qui alors peut faire surface. Toutes les croyances inquiétantes sont moins tenues à distance, comme celle selon laquelle on meurt surtout la nuit. Alors la question du soir est sur beaucoup de lèvres en fin de journée.

« – Serai-je là demain ? Si je m'endors, vais-je me réveiller ? », côté patient.

« – Sera-t-il encore là au petit matin ? Est-ce que la nuit va l'emporter ? », côté soignant.

Et souvent, très souvent, heureusement, tout le monde est encore là au petit matin.

Parmi les croyances bien ancrées, figure celle aussi que les soignants de nuit font peur. Peut-être parce qu'ils portent la lourde responsabilité de personnifier les peurs de la nuit ; peut-être parce qu'ils sont celles et ceux qui habitent ce vide, cette ombre, ce silence, cette solitude ; peut-être parce que, comme ils entrent et sortent furtivement dans une lumière tamisée, pour déranger le moins possible le sommeil de la nuit, un patient peut, dans un demi-sommeil, comme dans un cauchemar, sentir tout à coup sa présence là tout près sans l'avoir vu entrer.

Mais si la nuit est le lieu des angoisses et du tragique qui s'invitent, la nuit est aussi le moment du repos, elle est un soin en soi qui déplace aussi du côté de la vie.

La nuit, pour qui est allongé dans un lit d'hôpital, est un vide qui repose. La nuit est reconnue comme un moment où tout le monde dort, où personne ne nous attend, où on est libéré de beaucoup d'obligations : les visites envahissantes, les soignants trop insistants, le rythme du service, les plateaux-repas peu enthousiasmants, les portes qui s'ouvrent quelle que soit la position dans laquelle vous êtes. Même les soins et les traitements sont réduits à leur minimum. L'arrivée de la nuit soulage.

La nuit, personne ne vient vous dire, quand vous n'avez pas faim depuis quinze jours, d'essayer de prendre une dernière bouchée. La nuit, personne ne vient vous proposer de faire votre toilette alors que vous n'en avez pas envie. La nuit, vos proches dorment et, malgré tout, c'est reposant de ne plus voir dans leurs yeux ce qu'ils n'osent pas dire. La nuit, personne ne vient vous demander de vous lever et de faire quelques pas, alors que c'est une opération périlleuse. La nuit, les incapacités sont masquées.

La nuit apporte un repos libérateur. Et ce repos donne le rythme aux soignants. Le calme est l'atmosphère principale de travail. Le temps est un allié : un soignant ne court normalement pas la nuit. Il a le temps pour poser ses gestes, pour écouter si la parole se libère, pour lier une relation de confiance, pour voir autrement.

La nuit, temps sans contrôle permanent, est le lieu des possibles, de la prise d'initiative, de l'abandon de son propre besoin de contrôle. La nuit, le repos est respecté.

Un repos qui prend fin au matin, quand le plein, la lumière, le bruit, la vie sociale, les certitudes reprennent. Un repos qui prend fin au matin avec la question rituelle de l'équipe de jour : « Avez-vous bien dormi ? » Comme si le sommeil venait résumer cette nuit, un sommeil pourtant si précieux dans le « prendre soin ». La nuit s'éteint par ce rituel. Et le jour prend place. Jusqu'à la nuit suivante.

NAYLA TABBARA

De la nuit du monde

C'est depuis le Liban, brisé, meurtri, écrasé par une force de destruction aux mille visages, que nous entendons ce cri de tristesse et d'impuissance. Pour ce petit pays et pour le monde, quand la nuit finira-t-elle ?

Qui vit une vie spirituelle, ou qui est attentif ou attentive un tant soit peu à ses propres émotions, sait que la nuit intérieure, la tristesse, la douleur sont inévitables sur le chemin vers soi. Qui lit Rûmî, Jean de la Croix ou Rainer Maria Rilke, comprend qu'elles font partie du voyage, qu'elles en sont une partie cruciale, mais aussi crucifiante. Lorsque la tristesse, selon Rilke, n'est pas ressentie uniquement au niveau du cœur mais nous envahit au point qu'elle habite nos cellules sanguines ; lorsque la souffrance, selon Rûmî, nous fait nous écrier, comme Marie dans le Coran avant l'enfantement : « Si seulement j'étais morte et oubliée… »

En fait, elles ne font pas seulement partie du chemin, elles sont le chemin, sa centralité. La nuit noire est nécessaire avant la montée du Carmel. Pour Rûmî, la douleur est celle de l'enfantement du « Jésus de notre être », la souffrance n'étant que le prélude à une seconde naissance. Pour Rilke, la tristesse est une part d'avenir venant vivre en nous pour nous transformer de l'intérieur. Il semblerait en fait y avoir une sorte de triduum pascal dans notre vie spirituelle et émotive, quelle que soit notre religion ou conviction : un passage de la vie, à la mort, à la résurrection, vers une vie plus profonde, plus authentique.

Car la tristesse, la nuit, vous met dans un état de sobriété, de dépouillement de tout ce qui n'est pas au cœur du sens. Étant cognitivement proche de la mort, elle vous propulse dans un état similaire au deuil d'un être cher, quand on a tellement mal que l'on ne peut supporter que ce qui est à cent pour cent authentique. Et cette non-tolérance pour l'inauthentique est une grâce.

En élève assidue des prophètes, des mystiques et des poètes, j'ai appris ce dépouillement, tout comme j'ai appris à gérer ma nuit intérieure, à l'accepter, à lui ouvrir les bras, sachant que, derrière sa porte, il y a toujours une nouvelle naissance, un à-venir en germination.

Mais ce que je n'ai pas appris, c'est comment gérer la nuit du monde ou réagir face à elle. De là où je regarde, le monde est en pleine dislocation. La déshumanisation de mon peuple, l'arrogance colonialiste impérialiste et néolibérale du monde occidental mais aussi des pays musulmans du Golfe, qui fait primer pour les premiers « la sécurité d'un peuple » sur toutes les valeurs des droits humains, et qui fait primer pour les seconds les intérêts financiers sur toutes les valeurs arabes et musulmanes, nous brisent le cœur de tristesse, de rage et d'impuissance contre ce mal si insidieux qui ravage le monde de l'intérieur.

Dans cette nuit-là, je ne vois naître nul espoir de jour. Je vois en revanche un apprentissage et une nécessité, celle d'écouter les peuples autochtones, en commençant par les premières nations d'Amérique, qui sont victimes, depuis cinq cents ans jusqu'à aujourd'hui, de génocide, de culturocide et d'écocide et qui ne baissent pas les bras, mais continuent à essayer de préserver non seulement leur culture et leur enseignement spirituel, mais aussi la Terre mère qui nous porte tous et dont ils sont les gardiens. Du deuil du monde dans lequel je suis, je ne vois d'authentique que leur relation d'harmonie et de respect envers la Terre et la nature à laquelle nous appartenons en principe, mais que nous avons bafouée elle aussi, par notre arrogance, en nous plaçant en dehors et au-dessus d'elle, et par la licence que nous nous sommes donnée de déshumaniser les autres en nommant cela « civilisation ».

TEXTE

La nuit avant l'action

DOMINIQUE TRINQUAND

C'était le soir du 29 août 1995, sur le mont Igman, au-dessus de Sarajevo. J'étais alors l'assistant militaire du général commandant la force de réaction rapide de l'ONU déployée depuis deux mois en Bosnie-Herzégovine. Celle-ci comprenait des forces françaises, britanniques et une unité néerlandaise. Elle avait reçu pour mission de faire plier les forces serbes après que celles-ci eurent pris en otage des soldats français et commis le massacre de Srebrenica.

Ce soir-là, nous sommes au poste de commandement avancé établi dans un hôtel désaffecté et ruiné sur une pente du mont Igman. Les colonels commandant les unités viennent de repartir vers leurs unités après avoir reçu les ordres pour une action qui se déclenchera en coordination avec les avions de l'OTAN durant la nuit. Au moment de leur départ, un sifflement caractéristique au-dessus de nos têtes signale un obus de 120 millimètres serbe qui vient exploser à une centaine de mètres de notre poste de commandement. Heureusement, celui-ci est sur la contrepente, bien à l'abri. Il n'empêche, les Serbes nous signalent leur présence et leur volonté de combattre. Notre action commencera à deux heures du matin pour exfiltrer les unités au contact avant d'entamer les tirs à sept heures pour détruire les objectifs assignés. Les ordres donnés, il faut se concentrer sur les détails de leur application. Des années de formation et d'entraînement vont maintenant se heurter à la réalité du combat.

Nous sommes à la fin du mois d'août mais, sur ces hauteurs de Sarajevo, la nuit est froide et l'humidité qui suinte du béton nous fait frissonner. Passés en alerte rouge, nous portons en permanence la tenue de combat, le lourd gilet pare-balles et le casque. Pendant les petites heures qui séparent les ordres donnés et leur exécution (entre vingt-trois heures et une heure trente) je vais m'asseoir sur mon lit de camp. En effet, je ne peux m'allonger avec le gilet pare-balles et le casque. Me revient alors ce vieux chant scout : « Avant d'aller dormir sous les étoiles, doux maître humblement à genoux, tes fils t'ouvrent leur cœur sans voile : si nous avons péché, pardonne-nous. » Le sentiment de la préparation bien faite et de la force de nos armes m'apporte une paix intérieure confortée par ce chant scout tellement plein de la confiance mise dans le Seigneur. Je m'assoupis dans cette position inconfortable tant il est vrai que le vieil adage militaire « Dormir et manger quand on peut » ne s'est jamais révélé aussi vrai...

Un camarade me secoue à une heure trente pour rejoindre la salle de commandement où l'ordre d'exfiltration est donné à deux heures. Deux longues heures s'écoulent alors avant de recevoir un compte rendu. Pendant ces deux heures, un lourd silence règne dans la salle tapissée de cartes où les postes radios bruissent doucement. Un café partagé, des regards inquiets, chacun s'enferme dans ses pensées. La famille, les enfants qui terminent leurs vacances loin d'ici dans un pays en paix nous font mesurer la distance qui existe entre ce monde de paix et la préparation de l'action de guerre dans laquelle nous sommes. Le compte rendu arrive, tout s'est bien passé, Dieu soit loué. À quatre heures, l'activité de la salle d'opération reprend, notre artillerie se prépare. À six heures, le jour se lève mais la brume sur Sarajevo conduit, après un très court préavis, à entamer les tirs avant qu'intervienne l'aviation qui ne voit rien. En deux heures, tous les objectifs sont atteints sans réelle réaction des Serbes. La tension retombe, l'entraînement a porté ses fruits, tout s'est déroulé comme à l'exercice ! Est-il temps de rendre grâce ? En fait, l'enchaînement des actions ne nous en laisse pas le temps, cela viendra plus tard, lorsque nous pourrons redescendre à Sarajevo où les tirs se sont tus et où, comme par miracle, la lumière est revenue. Les sourires des habitants sur notre passage sont les plus beaux moments et la plus belle récompense que nous recevons. Note action de guerre a conduit à la paix. Merci Seigneur !

PIERRE ALEXANDRE COLLOMB

Le noir dans la peinture

Apprendre à entrevoir

En peinture, les ombres mettent en valeur la lumière. Mais quand le noir envahit toute la toile, notre désir de voir est mis à l'épreuve. Notre regard peut alors être transformé et, avec lui, notre cœur.

Le noir en peinture est-il un sujet ? À bien y regarder, on pourrait avoir le sentiment que c'est une question qui n'a pas à se poser. « Ce dont on ne peut parler, il faut le taire », nous avertit Ludwig Wittgenstein. Puisque le noir correspond à ce qu'on ne voit pas, il n'y aurait rien à en dire. Que dire sur ce qui n'est pas ? Ou plutôt qu'on ne voit pas ? Voilà qui ne devrait pas manquer de nous interroger.

Notre désir de voir au défi de la couleur noire

Pourtant, dans son *Histoire naturelle*, Pline l'Ancien évoque l'invention de la peinture par le premier peintre de l'histoire, une femme qui trace au charbon sur un mur l'ombre du visage de l'homme qu'elle aime et qui la quitte. C'est donc précisément sur le lieu même de l'absence, l'ombre impalpable de traits aimés, que s'origine la peinture. Une ombre qui sera matérialisée par une matière noire, celle du bois passé au feu. L'ombre d'un homme qui ne sera bientôt plus là. Le noir se fait vestige.

Je ne saurais élaborer un traité du noir dans la peinture. L'ouvrage classique de Michel Pastoureau[1] restitue en nuances l'histoire de cette couleur inséparablement liée à l'évolution de nos sociétés. Couleur des entrailles de la terre, elle n'a pas toujours été associée à la mort mais aussi à l'enfantement, à la vie. De couleur modeste dans l'habit bénédictin, elle pare de luxe les vêtements des nobles et des rois. Avec le développement de l'imprimerie, c'est l'irruption d'images en noir et blanc qui viennent remplacer une image médiévale toujours en couleur, ce qui viendra exclure le noir de la liste des couleurs. L'étude de Pastoureau révèle la place changeante et multiple d'une couleur qui ne s'est jamais laissé réduire à une place unique.

À cette approche historique, je choisis de privilégier l'expérience que le regardeur peut faire du noir. Loin de chercher à dire ce qu'est le noir, il me semble préférable d'évoquer ce qu'il produit, d'exprimer quelque chose de sa résonance.

Au tournant des années 2023 et 2024, la fondation Louis Vuitton organisait une grande rétrospective autour de la peinture de Mark Rothko selon une approche chronologique. Au fil de l'exposition, les grandes surfaces de couleur éclatante, tremblantes de présence, laissaient place à une série plus sombre, les *Seagram murals*, réalisée initialement à la fin des années 1950 pour un restaurant new-yorkais où coexistaient des formes lie-de-vin avec des marrons et des noirs. L'éclairage était parfaitement étudié pour ne mettre en lumière que les tableaux et plonger le reste du mur dans la pénombre. Cette salle était une nécessaire propédeutique à la suivante, celle des *Black forms* de 1964. Le visiteur ne s'y arrêtait souvent pas, tant le spectacle insolite de toiles sombres sur des murs noirs venait agacer la pulsion de voir qui anime chacun. Il fallait laisser de longues minutes le regard se perdre dans la nuit de l'image pour que surgissent ici une masse violet noirâtre, là un bleu très foncé. Non content d'exposer notre impatience, Rothko arrivait à peindre le temps. Alors que la vue est habituellement pensée comme un sens instantané, ces peintures me renvoyaient à ces pièces où l'on pénètre et dans lesquelles l'œil doit apprivoiser l'obscurité. L'œil qui croyait immédiatement saisir fait l'expérience de sa lenteur. Il y a ce que je vois et ce que je ne vois pas encore.

1. M. Pastoureau, *Noir, Histoire d'une couleur*, Seuil, 2008.

Un noir hospitalier au mystère

Lorsque je visite le musée des Beaux-Arts de Lyon, je viens toujours admirer *Le repentir de saint Pierre* peint par José de Ribera au XVIIe siècle, digne héritier du caravagisme napolitain. L'Apôtre a le regard illuminé de larmes, tourné vers le ciel, la bouche ouverte, alors qu'il se tient devant un fond noir qui fait ressortir la pâleur de son visage et le rouge de son vêtement. Comme une partie de son vêtement est noire comme le fond, il paraît se fondre dans le reste de l'image. Le regard du visiteur semble alors se brouiller comme s'il était lui aussi noyé de larmes. C'est une chose singulière que les yeux puissent aussi bien recevoir par le regard que donner par les larmes. Ce fond noir se fait hospitalier à la figure humaine, il fait écho aux ombres du visage comme au mystère de sa personne. Voici le paradoxe du clair-obscur : cacher pour mieux donner à voir. Le noir dans le clair-obscur révèle qu'une image affirme et nie dans le même mouvement. Elle montre quelque chose tout en rappelant que l'image ne dit pas tout. Loin d'ôter quoi que ce soit à l'image, le noir se met au service de ce qu'il entoure. Il prend soin en ce qu'il préserve. C'est par cet aspect que la peinture de Pierre Soulages au goudron et brou de noix rejoint étonnamment celle du Caravage et de ses suiveurs : l'une comme l'autre usent d'un noir accueillant. Chez le peintre aveyronnais, les grandes étendues de noir font briller le blanc de la toile ou du papier, tout comme ses *Outrenoirs* s'offrent en réceptacles de la lumière. Le noir s'efface pour laisser autre que lui exister.

Autre surgissement du mystère sous la forme de béance avec Lucio Fontana et sa série de *Concetto Spaziale* commencée à partir de 1958 : des toiles monochromatiques dont les lacérations semblent ouvrir à un au-delà de l'image. La surface peinte en ses deux dimensions pourrait faire écran ou ne renvoyer qu'à elle-même. L'espace entaillé dans la toile rouvre ce qui aurait pu être retenu. La couleur noire ici est achéiropoïète : elle n'est pas le produit d'une main humaine. Elle surgit parce que l'artiste a laissé une ouverture. Elle est l'apparition d'un espace dans l'au-delà de la toile, espace duquel il n'est pas maître. Or ce surgissement opéré matériellement par Fontana au travers de sa découpe, d'autres le ménageront de manière picturale.

Le repentir de saint Pierre, peinture de José de Ribera, Musée des Beaux-Arts de Lyon.

Si Rembrandt van Rijn brille par sa peinture, son œuvre gravé ne manque pas moins de génie. Alors qu'il n'utilise qu'une pointe, un peu d'acide et une plaque en cuivre, comment ne pas s'émerveiller des nuances qu'il crée à partir du noir de l'encre et du blanc du papier ? Son art atteint des sommets dans ses gravures de nuit. Dans *Saint Jérôme dans son cabinet*, dans *L'adoration des bergers* ou encore l'étonnante *L'étoile des rois*, presque rien n'émerge de l'obscurité et pourtant tout est là dans son mystère. Le noir a tout envahi et pourtant le peu qui est là vit vraiment. Comme avec Rothko et ses *Black forms*, le regard se met au *tempo* de ce qui prend le temps d'apparaître. Le noir se fait milieu : il est ce qui relie tous les autres éléments en leur apportant une densité d'existence parce qu'il est fondamentalement retrait. Dans l'hospitalité de sa pénombre, l'œil respire.

Renoncer à un regard tout-puissant

Un dernier élément sur le noir dans la peinture me revient alors que je regardais une immense toile monochrome de couleur très claire. Il m'a semblé voir des taches sombres qui se déplaçaient. Point d'intervention de l'artiste ici, ces taches étaient des corps flottants sur le vitré de mes yeux. J'avoue avoir été troublé lorsque j'ai découvert ce phénomène également observable en fixant le bleu du ciel. Je prenais conscience que mon œil n'était pas ce dispositif transparent, simple béance qui m'apporterait des images du dehors de moi. Ces taches, dont je préfère le qualificatif de « mouches volantes » au terme médical de myodésopsie, me rappelaient ma corporéité. Je suis ce corps par lequel je vois, corps limité dont les fragilités viennent paradoxalement enrichir le réel qu'il perçoit, comme l'évoque le témoignage de Thierry Soulard[2], historien de l'art qui fait l'expérience brutale d'une perte partielle de la vue. La confrontation avec des expériences similaires vécues par des artistes dont Claude Monet ou Edgar Degas offre une nouvelle perspective quant à la vue : passer d'un voir à un entrevoir. En abandonnant l'*hubris* d'un regard tout-puissant, une autre manière d'être en relation devient possible. L'épreuve du handicap se fait ainsi révélatrice d'un certain regard. Si le noir est la couleur de ce que l'on ne voit pas, il se fait le héraut de ceux que l'on ne voit pas, eux qui se trouvent dans les périphéries de nos sociétés. Leur parole et leur regard sont pourtant cruciaux pour élargir notre perspective. Savons-nous les écouter ?

2. Th. Soulard, *Le risque de voir*, Cerf, 2022.

PRATIQUES ET RÉCITS

« Créer un cantique nouveau »

Théophile Désarmeaux

« Créer un cantique nouveau »

Les joies d'un compositeur de musique liturgique

THÉOPHILE
DÉSARMEAUX
Jésuite en mission pour deux ans à Toulouse, où il porte avec d'autres un projet d'insertion apostolique dans le quartier dit « populaire » de Bagatelle, à la suite notamment de la mission ouvrière.

Théophile Désarmeaux, jésuite et musicien à ses heures, raconte les coulisses de la création de la « Messe du cinquantenaire », composée pour l'ouverture de l'année jubilaire des Facultés Loyola de Paris, en janvier 2024.

Depuis le noviciat[1], je m'essaie à composer pour la liturgie. C'est un exercice auquel je me suis prêté presque sans y faire attention, répondant à un élan intérieur tout simple, sans autre objectif que de rehausser un peu ma prière personnelle, en cherchant à doter les hymnes de la liturgie des heures de mélodies qui me semblaient convenir à leur intention. Dès mes premiers tâtonnements, pourtant, j'ai ressenti l'appel puissant à écrire des messes, ce qui représentait pour moi le sommet de l'aventure musicale dans laquelle je m'étais lancé.

1. Le noviciat de la Compagnie de Jésus, où je suis entré en septembre 2017.

Toute la gamme des expériences humaines

Les prières de ce que l'on nomme l'« ordinaire » de la messe – *Kyrie, Gloria, Alléluia, Sanctus, Agnus Dei* – sont tellement riches, elles disent tellement de choses, qu'elles me sont tout de suite apparues comme autant d'invitations à leur créer mille parures – non pas des parures, car la musique n'est pas un ornement de la prière, mais plutôt une charpente, ou mieux, une monture, qui « porte » la prière plutôt qu'elle n'est portée par elle – sans jamais avoir à craindre de me répéter, ni d'épuiser le sujet. J'étais très étonné de ne rien trouver d'autre, ou presque, dans le répertoire qui était à ma disposition, que des propositions musicales d'une platitude assez confondante, répétant le même thème d'un bout à l'autre de la messe. Était-ce par souci de simplicité, ou bien pour s'assurer que l'assemblée retienne et puisse facilement participer par le chant à la liturgie ? Quoi qu'il en soit, je me désolais de voir ces prières, si riches, traitées en gros aplats monochromes. Je comprends sans difficultés qu'il faut que l'ordinaire de la messe ait une certaine cohérence d'ensemble entre ses différentes composantes… mais les traiter toutes à l'identique, alors qu'elles sont chacune si singulières ! Chacune est un monde, en effet… Il me semblait que la musique devait avoir pour fonction de révéler ces mondes, de les déployer, de permettre à l'assemblée en prière de les habiter pleinement. Il me semblait que la musique devait ouvrir en chacune un espace suffisamment vaste pour que toute la gamme de l'expérience humaine et chrétienne ne s'y sente jamais à l'étroit et, en même temps, suffisamment caractérisé pour que l'on sache toujours où l'on est.

Mais au fait, que disent-elles, ces prières ? Le *Kyrie* exprime à la fois la contrition et l'espérance ; il formule simultanément la vive conscience de l'échec personnel et celle de la grandeur de l'amour de Dieu qui se déverse en nous et fait sauter toutes nos étroitesses. Le *Gloria*, qui nous rend contemporains de la nuit de Noël, chante la grande geste de l'Incarnation : il part du haut des Cieux, suit le mouvement d'abaissement divin jusqu'à l'immolation de l'Agneau pour les péchés du monde et remonte à nouveau auprès du Père, dans la gloire et la félicité éternelles. L'*Alléluia* est un cri de victoire et, plus encore peut-être, un cri d'étonnement : il est vivant, il vient ! Il nous en donne sa parole ! Il a tenu parole, il la tiendra encore !

Le *Sanctus* est la louange des hommes d'ici-bas se mêlant à celle de « tous les anges et de tous les saints » ; c'est le temps communiant à l'éternité, c'est la célébration des noces du Ciel et de la terre. L'*Agnus Dei*, enfin, est l'ultime prière, celle que l'on murmure au pied de la Croix, quand tout est accompli. C'est un ultime instant de recueillement sur le corps brisé et rompu de l'Agneau de Dieu, immolé « pour nous les hommes et pour notre salut » et déjà victorieux alors qu'il gît encore sur l'autel du sacrifice.

Chercher et trouver à plusieurs

Pendant longtemps, je n'ai composé que pour moi-même, donnant libre cours à ma fantaisie, à ma prière, et continuant à explorer ces « mondes » que je savais infinis. Mon ordinateur est encore rempli de ces rêveries, témoignages de mes premières années de vie religieuse ; certaines à l'état de simples esquisses, d'autres plus abouties… mais partageant toutes ce caractère d'irréalité, du fait de n'être jamais sorties de la page où elles sont couchées, et surtout de n'avoir jamais servi à la prière, leur raison d'être. Un jour, alors que le Centre Sèvres[2] se prépare à faire peau neuve à l'occasion de son cinquantième anniversaire, l'idée me vient de proposer de créer une « Messe du cinquantenaire », que nous monterions avec la chorale des étudiants et que nous présenterions lors de la grand-messe d'ouverture du jubilé. Pas question pour moi de ressortir une création de mes tiroirs numériques – qui contiennent pourtant un certain nombre de trouvailles dont je ne suis pas peu fier. C'était une évidence qu'il fallait créer pour l'occasion une messe *ad hoc*, qui soit pensée dès le départ pour cette messe des cinquante ans du Centre Sèvres, et qui soit, dans toute la mesure de nos moyens, un reflet de ce qui s'y vit. Je voulais que cette messe soit celle du Centre Sèvres et que cela s'entende. Pour ce faire, je n'ai pas voulu travailler seul. J'ai demandé à deux bons amis, religieux, musiciens, l'un et l'autre mes condisciples en théologie, que l'on travaille ensemble à la création de cette messe, à partir de nos intuitions communes et de la « patte » de chacun. Aseer avait étudié la musique carnatique[3]

2. L'ancien nom des facultés jésuites de Paris, sises rue de Sèvres, dans le VIe arrondissement, rebaptisées « Facultés Loyola Paris » à l'occasion du jubilé de leurs cinquante ans d'existence.
3. Tradition de musique classique indienne issue de l'Inde du Sud (Deccan).

avant d'arriver en France et Pierre était versé dans l'art de créer des mélodies liturgiques, notamment pour les répons des psaumes, qu'il avait déjà intégralement mis en musique lors de son noviciat au Togo. Nos quelques séances de travail, assez frénétiques, autour du piano de la salle Berthier[4], au premier étage des locaux de l'église Saint-Ignace jouxtant le Centre Sèvres, furent pour moi de grands moments de jubilation fraternelle. Il s'agissait surtout d'explorations musicales tous azimuts, mélodiques, rythmiques et harmoniques. J'essayais de capter ce que je pouvais sur l'enregistreur de mon téléphone, puis je rentrais chez moi et me mettais au travail. Il m'est difficile de décrire cette joie si singulière de la « trouvaille » qui récompense subitement, alors que je ne l'attends pas, un lent labeur de recherches à tâtons. Je ne sais comment l'expliquer mais, tout d'un coup, la lumière se fait et je sais que j'ai trouvé.

Une musique qui doit savoir s'effacer

Si j'essayais d'objectiver un peu ce processus de création, je dirais qu'il s'agit surtout de chercher la ligne de crête entre plusieurs écueils : il faut, d'une part, que la musique soit suffisamment simple, suffisamment intuitive, pour être facilement comprise et reprise par l'assemblée. Il ne s'agit surtout pas de chercher à faire « recherché » ; dans mon travail de création, je ne dois jamais perdre de vue que la musique, du moins ce genre de musique, n'est aucunement une fin en soi, mais un moyen, une aide à la prière. Elle ne doit en aucun cas faire écran au mystère que l'on célèbre. Au contraire, elle doit chercher le plus possible à s'effacer, à se faire oublier. Son horizon est la transparence. Mais, d'autre part, il faut, à mon sens, à tout prix éviter les formes trop convenues, trop prévisibles ou trop ressemblantes à la musique profane, car alors la musique trahirait sa mission première qui est de porter la prière de l'assemblée, d'accompagner son élan vers le ciel. Je ne dois pas oublier que la prière chrétienne est par essence un « cantique nouveau », qui dit l'inouï de la Bonne Nouvelle. Il faut donc que la musique liturgique traduise cette fraîcheur, cette nouveauté, sans pour autant céder

4. Du nom de Jacques Berthier (1923-1994), compositeur pour la communauté de Taizé dès 1955 et organiste à l'église Saint-Ignace pendant plus de trente ans, de 1961 jusqu'à sa mort.

à la tentation de l'originalité recherchée pour elle-même. Tâche ardue s'il en est ! Et pourtant, le miracle est que nos tâtonnements d'autodidactes débouchent sur des trouvailles, satisfaisantes quoique toutes simples (voire satisfaisantes *car* toutes simples). Le « secret » est peut-être que nous sommes, plus encore que des musiciens, des gens de prière… Du moins, nous avons un tant soit peu le « sens » de ces mondes que renferment les prières que nous cherchons à mettre en musique. En fin de compte, c'est notre prière qui est le creuset mystérieux de notre bricolage et nous sommes les premiers surpris des pépites qui en sortent.

Au service de la prière commune

Après la phase de création sur papier et piano vient la véritable épreuve : la « vérification » au feu de la chorale. Il y a bien sûr l'enjeu que la musique « prenne », que le passage du papier à la voix fonctionne. Parfois, une trouvaille qui paraît excellente sur le papier ne donne rien quand elle est reprise par la chorale. Une progression harmonique[5], par exemple, qui s'avère contre-intuitive au point que les différents pupitres ne parviennent pas à s'ajuster entre eux pour rattraper le tir, et ce qui devait être un feu d'artifice termine en pétard mouillé. Quand je compose, je dois garder en tête que je ne fais pas chanter des professionnels. Et, loin d'être un frein, c'est une contrainte technique qui me sauve, car elle m'ancre dans la réalité de nos assemblées chrétiennes et me rappelle que, moi non plus, je ne suis pas un professionnel… loin de là. Il ne s'agit pas de se garder de prendre des vessies pour des lanternes, mais simplement de se rappeler l'optique dans laquelle je travaille : je suis au service de la prière commune et membre de la communauté que je sers. La musique, dans cette perspective, n'est pas et ne peut pas être une fin en soi : charge à moi de ne pas l'oublier.

Ainsi, le caractère amateur de la chorale du Centre Sèvres, loin d'être une bride à ma créativité, est bien plutôt une ligne de vie, qui me ramène à bon port et me « dégrise » quand la musique menace de me monter à la tête. Car l'enjeu principal n'est pas d'ordre strictement musical. L'enjeu principal est que « ma » musique soit

5. Suite d'accords agencés de manière à produire un effet de tension suivie d'une résolution.

priante. Et, pour qu'elle soit priante, il faut en quelque sorte qu'elle ne m'appartienne plus, qu'elle ne soit pas l'expression de ma seule prière personnelle, mais qu'elle s'ouvre à celle des autres et qu'ensemble, nous nous y « retrouvions ». Et là encore, la chorale est un parfait garde-fou car, précisément parce qu'elle est non professionnelle, précisément parce qu'elle est constituée de choristes amateurs (en l'occurrence, des étudiants « sévriens », laïcs et religieux, partageant un désir commun de chercher Dieu et de servir l'Évangile), elle n'est pas non plus extérieure à l'assemblée célébrante, qui est la véritable destinataire de ce service liturgique que nous cherchons à lui rendre par la musique et par nos voix. La chorale que je fais chanter est bien davantage qu'un prestataire de services ; elle est un avant-poste de l'assemblée, un échantillon de bonne volonté auprès duquel je peux vérifier que la musique que je lui propose est effectivement au service de sa prière. C'est encore une fois assez mystérieux, mais je peux vous assurer que l'on entend, que l'on « sent » si oui ou non la musique se fait prière.

Un moment d'exultation

Vient enfin le grand jour, le vendredi 27 janvier 2024, celui du lancement du jubilé des cinquante ans du Centre Sèvres (qui officialisait à l'occasion son nouveau nom de Facultés Loyola), au cours duquel nous célébrions une messe d'action de grâce en l'église Saint-Ignace. C'était en vue de cette célébration que nous nous étions lancés dans cette aventure et, voilà, nous y étions. Il s'agissait bien évidemment pour nous de la phase décisive du processus de création, celle de la « mise en service » de notre œuvre au sein d'une célébration liturgique. Car ce n'est pas tout de pouvoir constater en répétition qu'une création musicale est « priante » ; il faut encore qu'elle trouve sa juste place au sein d'une célébration qui la déborde de toutes parts et qui ne doit pas se soucier d'elle. Encore une fois, dans la liturgie, la musique n'est pas une fin en soi et même les prières qui rythment l'ordinaire de messe sont ordonnées à une prière plus vaste, plus axiale, qui est celle-là même que le Christ offre au Père sur l'autel et que celui-ci en retour offre au monde à travers lui dans le don de sa vie. La musique doit s'effacer ; on doit à peine l'entendre…

Malgré les erreurs, malgré un faux départ et quelques fausses notes, j'ai su, au moment où résonnaient les dernières notes du chant de sortie, que nous avions réussi notre coup. Les visages radieux, les sourires à pleines dents des choristes, des célébrants, des amis dans l'assemblée ne trompent pas. Nous avions exulté dans nos corps et dans nos cœurs, nous avions communié dans une même supplication, une même acclamation ; nous avions fait monter nos prières, et celles de nos frères et sœurs, très haut sous les voûtes de Saint-Ignace. C'était, en somme, tout ce que nous avions à faire.

RECHERCHES IGNATIENNES

Les jésuites et la spiritualité du Cœur de Jésus

Entretien avec Arturo Sosa

ARTURO **SOSA**
Préposé général (ou supérieur général) de la Compagnie de Jésus.
Cet entretien a été accordé dans le même temps à la *Revue Vie chrétienne*, qui a publié (n° 90, novembre-décembre 2024) une version plus courte de cet entretien ainsi que des propos du père Arturo Sosa spécifiquement adressés à la Communauté de Vie Chrétienne (CVX).

Communauté de Vie Chrétienne

Le père Arturo Sosa tenait à venir à Paray-le-Monial en cette année 2024, pour une démarche personnelle de prière et pour renouveler la consécration de la Compagnie au Cœur de Jésus. Occasion de redécouvrir la relation étroite entre cette dévotion, la spiritualité ignatienne, les missions jésuites et leur prolongement par des laïcs ignatiens.

Père Sosa, vous venez à Paray-le-Monial dans le cadre du 350ᵉ anniversaire des apparitions du Sacré-Cœur à Marguerite-Marie Alacoque. Quelles en sont les raisons profondes ?

Arturo Sosa : La dévotion au Sacré Cœur de Jésus est vivante depuis très longtemps dans les communautés de la Compagnie de Jésus et ses apostolats. Le rôle joué par saint Claude La Colombière en tant que compagnon spirituel de sœur Marguerite-Marie Alacoque a renforcé la dévotion au Sacré Cœur dans la Compagnie de Jésus. En 1688, six ans après la mort de La Colombière, sœur Marguerite-Marie eut une dernière vision dans laquelle le Seigneur confiait aux Sœurs de la Visitation et aux Pères de la Compagnie de Jésus la tâche de transmettre à tous l'expérience et la compréhension du mystère du Sacré Cœur.

Lentement, comme il est normal, l'idée qu'il s'agissait d'un appel du Seigneur et de l'Église a fait son chemin parmi les jésuites et leurs apostolats. La 23e Congrégation générale de la Compagnie de Jésus, en 1883[1], a accepté cette mission deux cents ans plus tard ! Depuis lors, des centaines de jésuites, de communautés et d'apostolats ont promu cette spiritualité avec une grande générosité.

C'est une dévotion qui aide à vivre l'intuition originelle d'Ignace de Loyola et de ses premiers compagnons lorsqu'ils insistèrent pour appeler, avec une grande conviction, « Compagnie de Jésus » la communauté naissante de vie consacrée apostolique qu'ils avaient décidé de former. Le Cœur de Jésus représente très bien le désir d'avoir Jésus Christ comme unique centre de vie, d'être enraciné dans son amour comme source de fécondité apostolique. Comme l'affirment les évangiles, Jésus est celui qui nous révèle Dieu, il est l'unique chemin vers le Père et c'est par lui que l'Esprit saint est répandu sur nous.

Personnellement, j'ai été abreuvé à cette fontaine dès mon plus jeune âge. Étudiant au Colegio San Ignacio de Caracas (Venezuela), j'ai été confirmé dans une dévotion que je connaissais au sein de ma famille, qui allait régulièrement communier les premiers vendredis et consacrait le mois de juin à prier le Sacré Cœur. Et puis, ma mère et l'une de mes sœurs portent le prénom Marguerite-Marie !

La célébration du 350e anniversaire des apparitions de sœur Marguerite-Marie est une occasion inestimable de faire grandir ma propre dévotion au Sacré Cœur et, surtout, d'inviter à nouveau la Compagnie de Jésus à approfondir ses racines dans le Seigneur, source inextinguible de notre identité.

1. « Nous déclarons que la Compagnie de Jésus accepte et reçoit avec un esprit débordant de joie et de gratitude le doux fardeau [*munus suavissimum*] qui lui a été confié par notre Seigneur Jésus Christ pour pratiquer, promouvoir et propager la dévotion à son très divin Cœur. »

Quelle est aujourd'hui la signification d'une telle consécration pour la Compagnie de Jésus ?

A. Sosa : Dans le cadre des célébrations de l'année ignatienne 2021-2022, j'ai renouvelé la consécration de la Compagnie au Cœur de Jésus, lors de l'eucharistie de clôture à Loyola (31 juillet 2022). Cela coïncidait avec le cinquantième anniversaire de la consécration faite par le père Pedro Arrupe, le 9 juin 1972. Il rappelait ainsi que la spiritualité ignatienne se fonde sur la connaissance et l'amour profond de Jésus Christ, représenté dans son Cœur, et conduit à incarner cet amour au service de sa mission tout en accordant une attention particulière aux plus démunis.

Le renouvellement de la consécration au cœur de Jésus à la fin de l'année ignatienne a souligné son fil conducteur : *voir toutes choses nouvelles dans le Christ*, comme Ignace l'a fait tout au long de sa vie. En se définissant comme un « pèlerin », Ignace nous invite à marcher inlassablement à la suite de Jésus, guidés par son Esprit saint, en conformant avant tout notre regard à celui du Seigneur lui-même et en obéissant ainsi à la volonté rédemptrice du Père.

Cette docilité à l'Esprit du Seigneur, acquise par saint Ignace, le père Jérôme Nadal l'a résumée ainsi : « Ignace a suivi l'Esprit, il ne l'a pas devancé. Et c'est ainsi qu'il a été conduit doucement, sans savoir où. À cette époque, il ne pensait pas à fonder l'Ordre. Peu à peu, cependant, le chemin s'est ouvert devant lui et il l'a suivi, avec l'aide de l'Esprit. Peu à peu, cependant, le chemin s'est ouvert devant lui et il l'a suivi, sagement ignorant, avec son cœur donné avec simplicité au Christ. »

Le père Arrupe a maintenu sa dévotion au Cœur de Jésus tout au long de sa vie, en particulier lorsqu'il était missionnaire au Japon. Cependant, il n'a pas été le premier supérieur général à consacrer la Compagnie au Cœur de Jésus. Le premier fut le père général Pierre-Jean Beckx, le 1er janvier 1872, dans le cadre du processus qui a conduit la Congrégation générale à inviter toute la Compagnie à vivre pleinement cette dévotion. Il est donc tout à fait logique de renouveler la consécration de la Compagnie au Cœur de Jésus à Paray-le-Monial à l'occasion du Jubilé du 350e anniversaire de l'expérience de sainte Marguerite-Marie Alacoque.

Le message est clair : consacrer la Compagnie au Cœur de Jésus, c'est demander la grâce de saint Ignace, pour que nous puissions toujours nous donner de tout notre cœur au Christ et contribuer à sa mission de réconciliation et de justice, confiée à l'Église dont nous faisons partie.

Les jésuites, en particulier Claude La Colombière comme directeur spirituel de Marguerite-Marie Alacoque, ont contribué à faire connaître et à diffuser la spiritualité du Sacré Cœur de Jésus à partir de 1675. En quoi la figure de Claude La Colombière fait-elle sens aujourd'hui ?

A. Sosa : En février 2019, nous avons reçu du pape François la mission d'incarner dans notre vie et nos apostolats *quatre préférences apostoliques* qui, sur mandat de la 36e Congrégation générale, ont été le fruit d'un long et profond processus de discernement en commun du corps universel de la Compagnie. La première de ces préférences est de « montrer le chemin vers Dieu par les Exercices spirituels et le discernement ». Saint Claude La Colombière a été un compagnon spirituel efficace à travers les Exercices spirituels et le discernement. Sa contribution au discernement de l'authenticité des expériences mystiques de sainte Marguerite-Marie est un exemple clair de l'importance de cette dimension du charisme de la Compagnie de Jésus.

L'une des caractéristiques de l'époque actuelle est l'empressement des recherches spirituelles qui conduisent sur des chemins véritablement spirituels ou vers des groupes ésotériques, voire vers de fausses propositions qui manipulent la conscience. L'accompagnement des processus personnels, en particulier des jeunes, et le discernement spirituel deviennent un instrument d'humanisation d'une grande importance. La manière dont saint Claude La Colombière a exercé ce ministère fait de lui un point de référence et une incitation à se former à l'un des meilleurs services que l'on puisse offrir aujourd'hui : l'accompagnement spirituel.

On peut dire la même chose de l'importance d'avoir des personnes capables d'accompagner les processus de discernement avec la profondeur nécessaire dans un monde caractérisé par la superficialité, la surcharge d'informations aggravée par la prolifération des infox (*fake news*) et des théories conspirationnistes en tout genre. Les personnes capables d'inviter et de guider la pensée critique, la profondeur de la réflexion et la recherche du sens de la vie sont des forces remarquables de transformation personnelle et sociale.

Comment la Compagnie de Jésus poursuit-elle sa mission de diffusion de la dévotion au Sacré Cœur de Jésus ?

A. Sosa : L'instrument privilégié utilisé par la Compagnie de Jésus pour la diffusion de la dévotion au Sacré Cœur a été l'Apostolat de la prière dans le monde entier. Au plus haut niveau d'autorité de la Compagnie, on peut rappeler que la 26e Congrégation générale, en 1915, a insisté pour recommander l'Apostolat de la prière comme un moyen efficace de promouvoir cette dévotion. Plus récemment, nous pouvons rappeler la confirmation par saint Jean Paul II, en 1986, de l'importance de cet instrument.

Les supérieurs généraux ont manifesté un intérêt permanent pour cet appel à vivre et à promouvoir la dévotion au Cœur de Jésus. Le père Pedro Arrupe (1907-1991) a présenté la dévotion au Cœur de Jésus sous une forme renouvelée, inspirée par les vents que le concile Vatican II a insufflés à toute l'Église, et le père Peter-Hans Kolvenbach (1928-2016) a promu la réforme organisationnelle de l'Apostolat de la prière. Le père Adolfo Nicolás (1936-2020) est allé plus loin et a promu systématiquement la recréation et la refondation de l'Apostolat de la prière qui est devenu le Réseau mondial de prière du pape et y a incorporé le Mouvement eucharistique des jeunes (MEJ), en tant qu'Œuvre pontificale confiée à la Compagnie de Jésus[2].

Ces dernières années, ce processus a été mené à bien sous la direction du père jésuite Frédéric Fornos et d'une équipe de jésuites, de religieux de diverses congrégations, de laïcs, hommes et femmes, qui ont réussi à former et à coordonner un réseau sur tous les continents. Le Cœur de Jésus est présenté comme le Dieu qui a compassion du monde et le rachète par le Verbe fait chair. En s'appuyant sur les riches traditions spirituelles de la Compagnie de Jésus dans les *Exercices spirituels* et l'Apostolat de la prière, avec le soutien des technologies de communication les plus avancées, le « Chemin du Cœur » est proposé. Le sanctuaire du Cœur de Jésus à Paray-le-Monial fait partie de ce réseau qui, avec de nombreux autres partenaires, vit et

2. Ce réseau a été fondé en 1844 en tant qu'Apostolat de la prière. Il est aujourd'hui présent dans 89 pays et compte plus de 22 millions de catholiques. Il comprend une branche « jeunes », le Mouvement eucharistique des jeunes (MEJ). Le MEJ est présent dans 56 pays et propose un chemin de formation humaine et spirituelle pour les enfants et pour les jeunes de 5 à 25 ans. En décembre 2020, le pape a établi cette œuvre pontificale en tant que fondation vaticane.

promeut une spiritualité renouvelée inspirée par le Cœur de Jésus dans laquelle toute l'humanité est réconciliée.

Cette dévotion, un peu oubliée dans l'Église de France, commence à réapparaître. Qu'en est-il ailleurs dans le monde ?

A. Sosa : Cette dévotion, qui semble avoir été oubliée dans l'Église de France, réapparaît chez les jeunes générations. Dans beaucoup d'autres parties du monde, dans beaucoup d'Églises locales, elle est très présente, souvent associée à la piété populaire et aux pratiques dévotionnelles traditionnelles. Par exemple, c'est une dévotion encore très vivante dans les pays d'Amérique latine, d'Afrique et d'Asie, par laquelle des centaines de milliers de fidèles se consacrent au Cœur de Jésus. J'ai ainsi observé, tout au long de mes huit dernières années de visites, que toutes les provinces jésuites recèlent des communautés, paroisses ou institutions scolaires baptisées « Sacré-Cœur ». C'est un signe fort de l'importance que nous continuons de donner à cette dévotion.

Permettez-moi ce commentaire : dans les pays où la Compagnie de Jésus est présente, il s'agit de promouvoir cette œuvre pontificale qui lui a été confiée, à savoir le Réseau mondial de prière du pape avec son aile jeunesse, le Mouvement eucharistique des jeunes, pour offrir une piété saine ou une vie spirituelle personnelle qui engendre une disponibilité généreuse à la mission apostolique de l'Église. Le renouveau de cette dévotion, le « Chemin du cœur », est proposé comme une spiritualité intégrale qui conduit à l'engagement apostolique. Cette approche s'est avérée fructueuse, aidant de nombreuses personnes à prendre un engagement ecclésial selon le mouvement synodal qui la caractérise aujourd'hui.

Selon vous, quel est le lien entre la dévotion au Sacré Cœur et la spiritualité ignatienne ?

A. Sosa : La spiritualité ignatienne est intensément affective. Elle conduit à tomber amoureux du Seigneur par la connaissance intérieure de sa personne, en remplissant son cœur de cette affection pour celui qui s'est sacrifié en vue de nous donner accès à une vie nouvelle. Ainsi, la relation profonde entre une spiritualité centrée sur la rencontre personnelle avec le Seigneur Jésus et la dévotion au Cœur de Jésus conduit à une participation généreuse à la mission de réconciliation et de justice. Dans la tradition biblique comme dans de nombreuses cultures actuelles, le cœur est le symbole de l'intimité des personnes. Le cœur de Jésus est en harmonie avec nos cœurs afin que nous puissions reconnaître sa présence en toutes choses et éveiller en nous le désir de « servir Dieu en toutes choses ». Ainsi, la spiritualité ignatienne, fondée sur l'amitié avec Jésus, conduit à un engagement apostolique, contribuant à la réparation de ce qui a été brisé par le péché. Dans le langage d'aujourd'hui, elle invite à s'engager, avec d'autres, dans la mission de réconciliation et de justice qui conduira à la transformation des relations humaines, de leurs structures sociales, de la relation avec l'environnement et avec Dieu lui-même.

Sur son lit de malade à Loyola, Ignace apprit à lire les mouvements des esprits qu'il ressentait dans son cœur. C'est de là qu'est née la tradition ignatienne du discernement des esprits et des Exercices spirituels. Le discernement des esprits nous aide à reconnaître la volonté rédemptrice de Dieu, comme l'a fait Jésus en suivant les impulsions de son Cœur.

Une scène de l'Évangile qui illustre le sens du discernement par lequel nous nous identifions au Cœur de Jésus est la prière dans le jardin des Oliviers, après le repas de la Pâque avec ses disciples, quelques instants avant qu'il ne soit arrêté, torturé et crucifié. Jésus vit cette perspective avec angoisse ; son cœur oscille entre l'instinct de préserver sa vie, de s'éloigner de la souffrance et d'accepter les conséquences douloureuses du don de sa vie pour la rédemption de l'humanité voulue par Dieu. Il a choisi de répondre à l'amour du Père en demandant que sa volonté soit faite.

La spiritualité ignatienne est de plus en plus reconnue comme étant adaptée à notre époque. Dans quels domaines particuliers pensez-vous qu'elle l'est ?

A. Sosa : Les Exercices spirituels de saint Ignace révèlent une connaissance profonde de Jésus à travers les évangiles qui facilitent une rencontre personnelle avec Lui. Depuis la rédaction des *Exercices spirituels* jusqu'à aujourd'hui, les études bibliques, la connaissance de l'Écriture, du contexte dans lequel ils sont nés et de leur développement ont énormément progressé. Profiter de la connaissance des évangiles et de toute la Bible pour élargir la connaissance du

Ces réflexions et rappels historiques indiquent comment la spiritualité du Sacré Cœur irrigue la Compagnie de Jésus depuis ses origines. Nous touchons ici à l'une des sources de sa vocation. Depuis Ignace de Loyola jusqu'à aujourd'hui, en se référant notamment aux Exercices spirituels, la Compagnie de Jésus développe et promeut une relation intime et affective avec Jésus Christ. Cela conduit les compagnons jésuites à une conversion continuée et à une adaptation toujours renouvelée de leurs pratiques missionnaires. Les dernières orientations générales de la Compagnie insistent ainsi sur la conversation spirituelle entre compagnons et sur le discernement en commun.

Pour approfondir ou redécouvrir cette dimension importante de la spiritualité ignatienne, vous trouverez dans la revue *Christus* :

« Le cœur de Jésus, un retour aux sources », hors-série *Christus*, n° 190, mai 2001.

Claude Flipo et Pedro José Hernandez O Hoggan, « Lettres sur l'oraison, Saint Claude La Colombière », *Christus*, n° 274, avril 2022.

Claude Flipo, « Revenir à Paray-le-Monial », *Christus*, n° 276, octobre 2022.

Xavier Jahan, « Une approche actuelle du message du Sacré Cœur », *Christus*, n° 284, octobre 2024.

Seigneur visée dans les Exercices est l'un des efforts qui a le plus aidé les personnes qui s'approchent aujourd'hui des *Exercices spirituels*.

En outre, on a retrouvé la manière de donner et d'accompagner les Exercices qui fut celle d'Ignace de Loyola et des premiers compagnons. Ceci a stimulé la créativité dans les manières et les lieux où les Exercices sont proposés personnellement, que ce soit dans les maisons de retraite spirituelle, dans la vie ordinaire ou sur Internet.

De nombreux laïcs qui vivent de l'esprit d'Ignace de Loyola sont déjà impliqués dans la diffusion de sa spiritualité. Comment pourraient-ils l'être encore plus ?

A. Sosa : Le Réseau mondial de prière du pape, que j'ai déjà évoqué, repose sur une grande implication de laïcs qui vivent la spiritualité ignatienne. Ils sont présents dans 92 pays du monde, à travers les groupes paroissiaux de l'Apostolat de la prière ou du Mouvement eucharistique des jeunes (MEJ).

Le MEJ, pour sa part, dans la plupart des pays du monde, est profondément enraciné dans la spiritualité du Cœur de Jésus. Ses animateurs et responsables vivent et sont formés à la spiritualité des Exercices spirituels. Mais ils ont aussi promu le Cœur de Jésus depuis les débuts du MEJ, aujourd'hui à travers l'itinéraire du « Chemin du Cœur ». Le mouvement s'étend et offre de nombreuses possibilités de croître dans l'engagement de développer la spiritualité ignatienne.

La Communauté de vie chrétienne (CVX), de même, est un mouvement laïc qui s'inspire de la spiritualité ignatienne. Ses membres la vivent personnellement et la partagent dans leurs apostolats. Certains membres de la CVX sont directement impliqués dans l'accompagnement des Exercices spirituels, dans la formation d'autres personnes à l'accompagnement spirituel et même dans l'administration de maisons de retraite spirituelle.

Par ailleurs, dans diverses parties du monde, des initiatives importantes ont été lancées pour la formation des laïcs à l'accompagnement et à la direction des exercices spirituels ignatiens, sous diverses formes. De là naissent des initiatives, adaptées aux différents contextes culturels et sociaux, qui sèment, arrosent, émondent et produisent des fruits de spiritualité ignatienne dans la vie des laïcs.

Propos recueillis par Thierry Anne et Claire Lesegretain.

De Dieu au monde…

Le mouvement de la spiritualité ignatienne

SYLVIE **ROBERT**
Religieuse auxiliatrice, professeure de théologie spirituelle aux Facultés Loyola de Paris et membre de l'équipe d'animation du Centre spirituel Manrèse (Clamart). A publié *Les chemins de Dieu avec Ignace de Loyola* (Facultés jésuites de Paris, 2009).
Dernier article paru dans *Christus* « Un espace offert au Verbe de Dieu » (n° 278, avril 2023).

Lors de son séjour à Manrèse, Ignace approfondit sa relation à Dieu. Une page de son Récit *présente, regroupée en un petit ensemble, cinq expériences décisives qui font apparaître le dynamisme interne de la spiritualité ignatienne.*

27 […] En ce temps-là, Dieu se comportait avec lui de la même manière qu'un maître d'école se comporte avec un enfant : il l'enseignait. Que cela fût à cause de sa rudesse et de son esprit grossier, ou parce qu'il n'avait personne pour l'enseigner, ou à cause de la ferme volonté que Dieu même lui avait donnée de le servir : il jugeait clairement et a toujours jugé que Dieu le traitait de cette manière. Bien plus, s'il en doutait, il penserait offenser sa Divine Majesté. On peut voir quelque chose de cela dans les cinq points suivants.

28 Premièrement. Il avait beaucoup de dévotion à la Très Sainte Trinité ; et ainsi faisait-il chaque jour oraison aux trois Personnes séparément. Et comme il en faisait aussi à la Très Sainte Trinité, une pensée lui venait : comment faisait-il quatre oraisons à la Trinité ? Mais cette pensée ne le travaillait que peu ou pas du tout, comme étant une chose de peu d'impor-

tance. Et un jour que, sur les marches du même monastère, il était en train de dire les heures de Notre-Dame, son entendement commença à s'élever, comme s'il voyait la Très Sainte Trinité sous la figure de trois touches, et cela avec tant de larmes et tant de sanglots qu'il ne pouvait se dominer. Et tandis qu'il suivait ce matin-là une procession qui sortait du monastère, il ne put à aucun moment retenir ses larmes jusqu'au repas. Et après le repas, il ne pouvait s'arrêter de parler de la Très Sainte Trinité, et cela à l'aide de comparaisons nombreuses et très diverses, avec beaucoup de joie et de consolation. Si bien que pendant toute sa vie est resté imprimé en lui le fait de sentir une grande dévotion quand il fait oraison à la Très Sainte Trinité.

29 Deuxièmement. Une fois se représenta à son entendement, avec une grande allégresse spirituelle, la manière dont Dieu avait créé le monde : il lui semblait voir une chose blanche, d'où sortaient quelques rayons, et avec laquelle Dieu faisait de la lumière. Mais ces choses, il ne savait pas les expliquer ; et il ne se souvenait pas non plus très bien de ces connaissances spirituelles que Dieu imprimait en ce temps-là dans son âme.

Troisièmement. En la même ville de Manrèse, où il fut presque un an, après qu'il eut commencé à être consolé par Dieu et vu le fruit qu'il faisait dans les âmes en traitant avec elles, il abandonna ces excès qu'il faisait auparavant : désormais il se coupait les ongles et les cheveux. Ainsi, alors qu'il était dans cette localité, se trouvant dans l'église dudit monastère et y entendant un jour la messe, à l'élévation du *Corpus Domini*, il vit avec les yeux intérieurs comme des rayons blancs qui venaient d'en haut. Et bien que, après un si long temps, il ne puisse bien expliquer cela, cependant ce qu'il vit clairement avec l'entendement ce fut de voir comment Jésus Christ notre Seigneur se trouvait dans ce Très Saint Sacrement.

Quatrièmement. Souvent et pendant longtemps, alors qu'il était en oraison, il voyait avec les yeux intérieurs l'humanité du Christ ; et la figure qui lui apparaissait était comme un corps blanc, ni très grand, ni très petit, mais il ne voyait pas de membres distincts. Il vit cela à Manrèse très souvent ; s'il disait vingt ou quarante fois, il n'oserait pas juger que ce serait un mensonge. Une autre fois, il le vit alors qu'il était à Jérusalem et une autre fois sur la route près de Padoue. Il a vu aussi Notre-Dame sous une forme similaire, sans y distinguer de parties. Ces choses qu'il a vues le confirmaient alors et lui donnèrent pour toujours une si grande confirmation de sa foi qu'il a souvent pensé en lui-même : s'il n'y avait pas l'Écriture qui nous enseigne ces choses de la foi, il serait décidé à mourir pour elles seulement en raison de ce qu'il a vu.

30 Cinquièmement. Une fois il allait, par dévotion, à une église qui se trouvait à un peu plus d'un mille de Manrèse : je crois qu'elle s'appelle Saint-Paul et le chemin longe la rivière. Il allait donc ainsi, tout à ses dévotions, et s'assit un instant, le visage tourné vers la rivière qui coulait en bas. Alors qu'il était assis là, les yeux de son entendement commencèrent à s'ouvrir. Non pas qu'il vît quelque vision, mais il comprit et connut de nombreuses choses, aussi bien des choses spirituelles que des choses concernant la foi et les lettres, et cela avec une illumination si grande que toutes ces choses lui paraissaient nouvelles. Et l'on ne peut expliquer tous les points particuliers qu'il comprit alors, bien qu'il y en eût beaucoup, si ce n'est qu'il reçut une grande clarté dans son entendement ; de sorte que dans tout le cours de sa vie, jusqu'à soixante-deux ans passés, s'il rassemble toutes les nombreuses aides qu'il a obtenues de Dieu et toutes les nombreuses choses qu'il a sues, même s'il les met toutes ensemble, il ne lui semble pas avoir reçu autant que de cette seule fois. »

Ignace de Loyola, *Récit*, n°s 28-30, dans *Écrits*,
édition de Maurice Giuliani, DDB, 1991, pp. 1033-1035.

Ce passage du *Récit* que, sur la fin de sa vie, Ignace consentit à donner à ses compagnons désireux d'avoir comme un « testament », est précieux pour saisir le mouvement qui habite toute la spiritualité ignatienne. En effet, dans un petit ensemble soigneusement ordonné et classé en « points » successifs, ce qui tranche sur l'ensemble du *Récit* agencé chronologiquement selon les déplacements du pèlerin, sont rapportées cinq expériences vécues par Ignace durant le séjour qu'il fit à Manrèse après sa conversion. Ignace en souligne l'importance décisive : ces expériences sont pour lui un enseignement donné par Dieu lui-même ; elles ont un fort retentissement en tout son être : il est touché, voire débordé affectivement par les larmes et sanglots qu'il ne peut dominer ; la parole, abondante, lui vient et il éprouve « joie et consolation », « grande allégresse spirituelle » ; les connaissances qui lui sont communiquées s'impriment en lui pour toujours, le confirment dans sa foi « même s'il n'y avait pas l'Écriture » et elles surpassent en quantité et en qualité toutes les lumières reçues ensuite. De fait, son intelligence est éclairée sur des points majeurs de la foi : la Trinité, la manière dont Dieu a créé le monde, la présence du Christ dans l'eucharistie, l'humanité du Christ, mais aussi, bien plus largement, sur « de nombreuses choses, aussi bien des choses spirituelles que des choses concernant la foi et les lettres ».

Avant de nous laisser guider par l'ordre même du texte, pour y découvrir le mouvement qu'il dessine, arrêtons-nous sur la manière dont Dieu se fait connaître d'Ignace.

Dieu que nul œil n'a jamais vu…

C'est à l'aide d'éléments visuels qu'Ignace fait état de l'enseignement reçu : en témoignent la récurrence du verbe « voir », la mention des yeux, les images employées. Mais avouons que ces éléments visuels sont sobres et quelque peu frustrants pour qui est friand de spectaculaire ou voudrait représenter visuellement ce qu'Ignace a vu ! D'une part, ces « visions » sont, en un sens, bien pauvres : trois touches d'orgue, « une chose blanche, d'où sortaient quelques rayons, et avec laquelle Dieu faisait de la lumière », « des rayons blancs qui venaient d'en haut », « un corps blanc, ni très grand, ni très petit, mais il ne voyait pas de membres distincts » ; et, après la première, elles sont assez répétitives – des formes blanches et des rayons !

D'autre part, Ignace atténue l'usage des termes qui disent une « vision » : c'est « *comme* s'il voyait la Très Sainte Trinité » ; « il lui *semblait* voir une chose blanche » ; « il vit […] *comme* des rayons blancs », et c'est « *avec les yeux intérieurs* »…

Évidemment, à une époque d'illuminisme et de soupçon sur ce qui peut ressembler à des révélations privées, on peut penser qu'il y a là une prudence. Mais, plus profondément, la mention des « yeux intérieurs » renvoie à cette expérience d'approche de l'invisible que la tradition chrétienne a exprimée en faisant appel, par analogie avec les sens corporels, aux « sens spirituels » ou « intérieurs » : les réalités de la foi et Dieu lui-même peuvent être comme *perçus* – non pas comme nous percevons avec nos sens extérieurs, physiques, mais d'une manière analogue, intérieure. Tout comme la perception sensorielle, cette expérience conjugue un contact avec une réalité autre que le sujet et un effet qui se produit en lui. Les sens corporels permettent d'appréhender ce qui est visible, les sens spirituels de « voir l'invisible ». Le cinquième point, qui ne porte plus sur Dieu lui-même, est rapporté en mentionnant explicitement une transformation du regard d'Ignace : « Les yeux de son entendement commencèrent à s'ouvrir. Non pas qu'il vît quelque vision, mais il comprit et connut de nombreuses choses, aussi bien des choses spirituelles que des choses concernant la foi et les lettres, et cela avec une illumination si grande que toutes ces choses lui paraissaient nouvelles. »

Pour être très sobres, les images qui décrivent les « visions » d'Ignace n'en sont pas moins intéressantes et significatives : les trois touches d'orgue de la Trinité, la « chose blanche, d'où sortaient quelques rayons, et avec laquelle Dieu faisait de la lumière », les « rayons blancs qui venaient d'en haut » et qui lui font percevoir la présence eucharistique du Christ, ce ne sont pas les images bibliques habituelles. Mais elles sont toutes porteuses d'une relation, d'une communication. Elles disent un Dieu qui est relation et qui est en relation. Bien sûr, l'image des rayons ne figure pas dans la représentation de l'humanité du Christ, mais il est alors fait mention de la proximité du Christ avec Ignace sur son chemin.

Bien loin d'être des chapitres de catéchisme ou des leçons abstraites sur des réalités difficiles de la foi, les images disent combien la connaissance de Dieu que reçoit alors Ignace est relationnelle. Mais ces « rayons qui [viennent] d'en haut » dessinent aussi un mouvement.

Se laisser conduire par le mouvement de Dieu

L'ordonnancement du texte donne à percevoir un mouvement qui est celui de l'engagement de Dieu dans le monde. Le texte en porte littérairement la marque. On peut en effet y repérer comme deux structurations. La première est celle de tout récit – une succession temporelle au gré de changements de lieu : « un jour, sur les marches [d'un] monastère », « une fois », à Manrèse, pendant la messe et plus précisément à l'élévation, « souvent », alors qu'il était en oraison… À Manrèse, très souvent, « une autre fois alors qu'il était à Jérusalem et une autre fois sur la route près de Padoue », « une fois, il allait à une église qui se trouvait à un peu plus d'un mille de Manrèse; il s'assit un moment, le visage tourné vers la rivière qui coulait en bas ». En même temps, le cadre chronologique reste assez flou et, en évoquant le séjour à Jérusalem ou la route vers Padoue, déborde la seule période de Manrèse. Une autre structuration est rendue plus ferme et visible, celle de la succession dans le texte : « premièrement », « deuxièmement », « troisièmement », « quatrièmement », « cinquièmement ».

Ce classement ordinal témoigne d'un sentiment que ces cinq points vont ensemble et que leur ordre d'apparition n'est pas fortuit. Il nous aide à découvrir le mouvement de Dieu vers le monde et la manière dont Ignace est conduit à se laisser porter par ce mouvement.

Ignace, habité par une question sur la Trinité posée en termes d'arithmétique – pourquoi quatre oraisons pour trois personnes ? – est conduit à une représentation de la Trinité « sous la forme de trois touches » (d'orgue). L'image, musicale, permet d'allier la distinction – il y a trois touches différentes – et l'unité sous la forme de l'accord que forment ces trois touches. Ignace perçoit donc l'harmonie interne des trois personnes distinctes de la Trinité, la communication et la communion intérieures à la Trinité immanente.

Dans le deuxième point, il découvre la manière dont Dieu a créé le monde. L'image des rayons avec lesquels Dieu fait de la lumière, à la différence de celle, plus habituelle, du modelage, met l'accent sur le lien : l'acte créateur est relation. Venant après la révélation de la communion interne à la Trinité, cette perception de la manière dont Dieu a créé le monde fait apparaître l'acte créateur comme l'ouverture de la relation interne à la Trinité vers autre chose qu'elle. C'est le débordement gracieux d'un amour qui suscite une altérité hors de lui-même. La communion interne à la Trinité s'extériorise en communication.

Le mouvement de Dieu vers le monde se poursuit dans le troisième point, qui mentionne la compréhension de la présence eucharistique du Christ, non pas en fixant l'hostie de manière statique, mais avec la même image des « rayons blancs qui venaient d'en haut ». Ainsi se découvre que la présence eucharistique du Christ est la communication que Dieu fait de lui-même en livrant sa présence dans les simples choses que sont le pain et le vin, dans l'ordinaire de l'existence humaine, en son actualité. Ignace apprend en même temps un accueil plus juste de son propre corps puisqu'il cesse les excès d'ascèse par lesquels il négligeait volontairement son corps. Avec cette présence sacramentelle, voici un pas de plus de l'engagement de Dieu dans le monde humain.

Le quatrième point découvre à Ignace l'humanité du Christ : « La figure qui lui apparaissait était comme un corps blanc, ni très grand ni très petit, mais il ne voyait pas de membres distincts. » L'important semble être ici qu'il y ait un « corps » – la reconnaissance réelle de l'humanité du Christ en dépend. En même temps, Ignace minimise le plus possible la représentation : on n'a pas ici de portrait de Jésus, ni selon le style de l'art saint-sulpicien, ni autrement. Mais il insiste sur cette entrée de Dieu lui-même dans une humanité qu'il assume. Et Ignace mentionne que c'est pour lui le début d'une expérience de proximité, de compagnonnage, qui lui sera donnée à d'autres reprises au long de sa vie.

À travers la succession ordonnée de ces quatre points, qu'avons-nous d'autre que le mouvement même de la Trinité : l'amour qui la constitue déborde hors d'elle-même pour créer le monde dans lequel, en Jésus, Dieu va s'engager de plus en plus profondément ?

On peut remarquer qu'Ignace place la présence eucharistique avant l'humanité du Christ. Cette présence en effet nous est, par les sacrements, contemporaine ; c'est elle qui ouvre le juste accès à l'humanité de Jésus.

Une cinquième expérience vient ensuite. Elle est explicitement mise dans la série ordinale. En même temps, le texte en marque l'originalité par rapport aux précédentes : aucune image, car il n'y a pas cette fois-ci pour Ignace de « vision » ; ce sont « les yeux de son entendement » qui s'ouvrent pour recevoir une lumière non seulement dans le domaine de la foi mais aussi dans ceux de la culture et du monde profane ; ainsi illuminé, son regard voit toutes choses comme nouvelles.

Ignace s'était d'abord élevé vers la Trinité ; maintenant, le « visage tourné vers la rivière qui coulait en bas », il se porte sur la terre. Avec les quatre premiers points, Ignace a suivi le mouvement même de Dieu entrant dans le monde ; c'est ce mouvement divin qui tourne son regard vers le monde et le conduit à voir toute chose de manière nouvelle. Ne serait-ce pas « voir toutes choses en Dieu » et « Dieu en toutes choses » ?

« L'amour descend d'en haut »

Ce mouvement – le cœur de la foi chrétienne – est bien celui qui habite les *Exercices spirituels* (ES) : le retraitant, que le Christ est venu rejoindre jusque dans les ombres de son péché, est invité à contempler les trois Personnes divines lorsqu'elles décident « en leur éternité que la Deuxième Personne se ferait homme pour sauver le genre humain » (ES 102) et envoient l'ange de l'annonce « dans la maison et les chambres de Notre Dame, dans la ville de Nazareth, dans la province de Galilée » (ES 103). C'est encore celui qui rend possible, dans la « Contemplation pour parvenir à l'amour », de voir la présence et le travail de Dieu dans l'histoire et le monde des créatures, puis, sans plus lever les yeux vers la Trinité mais sans perdre le lien avec elle, de « regarder comment tous les biens et tous les dons descendent d'en haut [...] comme du soleil descendent les rayons » (ES 237).

Quand Ignace propose un chemin pour découvrir et choisir ce qui plaît à Dieu, l'élection mûrit à travers la contemplation du Christ en sa vie terrestre : il ne s'agit pas, selon la tendance spontanée lorsqu'une décision est à prendre, de se mettre face à face avec l'objet ou les objets susceptibles d'être choisis, mais de contempler la vie du Christ en terre humaine, depuis sa naissance jusqu'à son entrée à Jérusalem. Et lui nous conduit au plus concret de notre existence, là où notre liberté s'engage dans des décisions précises ; les yeux qui l'ont ainsi contemplé peuvent alors voir dans sa lumière le chemin s'éclairer au ras de notre propre terre ; le choix qui est le nôtre ne détourne pas de Dieu car il est aussi le sien. « Que cet amour qui me meut et me fait choisir telle chose descende d'en haut, de l'amour de Dieu, de sorte que celui qui choisit sente d'abord, en lui, que l'amour plus ou moins grand qu'il a pour la chose qu'il choisit est uniquement à cause de son Créateur et Seigneur » (ES 184). Tel est le critère de la justesse de toute décision humaine. Choisir, c'est bien aimer ce que l'on choisit. Mais cet amour, quelle en est la source ? L'objet de mon choix ? Mon propre attachement à lui ? Ou le mouvement même de l'amour infini de Dieu pour le monde ? Alors, on « ne peut plus aimer aucune chose créée sur la face de la terre pour elle-même » – c'est-à-dire aussi pour moi-même – « mais seulement dans le Créateur de toutes ces choses » (ES 316).

Les *Exercices spirituels* donnent à contempler l'engagement amoureux de Dieu dans le monde pour le laisser façonner notre liberté. Au quotidien, la relecture de journée travaille à nous accorder et à nous réaccorder sans cesse au mouvement qui est celui de Dieu.

Tourne mes sens à l'intérieur

CLAUDE **FLIPO**
Jésuite à Lille, ancien rédacteur en chef de *Christus*, auteur en théologie spirituelle, donne les Exercices spirituels. A publié *Le règne du Christ à la lumière des Exercices spirituels* (Lessius, 2015).

Paru dans *Christus* : « Revenir à Paray-le-Monial » (n° 276, octobre 2022).
Reprise, profondément remaniée, d'un article publié dans *Choisir*, juillet 2006.

Nos sens sont nombreux ! L'auteur distingue les sens spirituels des sens corporels. Plus encore, il évoque les différents mouvements qui affectent la vie spirituelle. Une aide remarquable pour reconnaître ces mouvements et pour aider à les décrypter.

« Jésus, premier-né avant toute créature, éveille mes sens à la beauté de ton œuvre. » Beaucoup, aujourd'hui, admirent la Création. Leur regard remonte-t-il jusqu'à l'origine, au point de contempler, comme le suggère saint Ignace, comment tous les biens et tous les dons descendent d'en haut ? De même, cette voix que j'entends dans mon cœur et qui me dit : « Fais ceci, ne fais pas cela ! », ne porte-t-elle pas en elle-même la preuve de sa divine origine ? « Mon cœur, *écrit John Henry Newman*, s'y attache et l'aime comme si c'était une personne pleine d'amabilité que j'entends. En lui obéissant, je suis tout joyeux ; si je suis rebelle, je me sens triste. Il me semble que je contriste ou réjouis tout à tour un ami vénéré » (*Callista*, 1855).

Certes, à nos sens extérieurs qui nous ouvrent au monde correspondent nos sens intérieurs. Lorsqu'ils s'éveillent par quelque touche de la grâce, au cours d'une retraite par exemple, nous saisissons mieux l'annotation d'Ignace : « Ce n'est pas d'en savoir beaucoup qui rassasie et satisfait l'âme, mais de sentir et goûter les choses intérieurement. » Et pourtant, devant la beauté de la nature ou les appels du cœur, beaucoup restent de marbre, comme si les sens étaient anesthésiés par une atrophie de cette faculté de l'âme à se tourner vers l'intérieur. Trop d'images et de sollicitations, dans notre culture sécularisée, occupent leur attention.

C'est pourquoi saint Ignace, tirant sagesse de sa sortie du divertissement, propose des « exercices » pour développer les sens intérieurs de la vue, de l'ouïe, de l'odorat, du toucher et du goût, en les appliquant aux mystères de l'Évangile que l'on aura d'abord médités. Thérèse d'Avila en fit son profit, elle qui dénonçait le grand dommage pour la vie spirituelle de croire que c'est la raison qui commande à la volonté, comme s'il suffisait de bien méditer pour bien agir : « Ce n'est pas la raison qui commande, c'est l'amour ! C'est pourquoi, pour progresser, il ne s'agit pas de beaucoup penser, mais de beaucoup aimer. Et, *ajoutait-elle*, d'en accepter les renoncements. » Méditer, certes, mais pour sentir et goûter, puis désirer et demander la grâce d'obtenir la force de mettre en pratique ce que l'on désire et que l'on ne peut se donner à soi-même : « Combien plus votre Père donnera-t-il l'Esprit saint à ceux qui le lui demandent. »

Sentir les choses intérieurement, voilà ce qui nourrit l'âme. Mais l'intériorité humaine est si riche et profonde que nous n'en percevons habituellement qu'une maigre portion, qui se déploie à trois niveaux distincts, comparables aux trois ordres de Pascal.

• Le premier niveau, commun à tous, est celui de notre affectivité naturelle : chacun désire être en bonne santé, jouir de l'amitié des autres, ne pas redouter la pauvreté. C'est si naturel que les manques d'affection ou les sentiments d'exclusion peuvent provoquer des carences affectives graves.

• Le deuxième niveau est celui de notre conscience morale, notre sens des valeurs. L'admiration, le respect, la probité, la solidarité, comme aujourd'hui le soin de notre « Maison commune », sont des valeurs que l'on sent bien plus qu'on ne les pense. Certains sentent, d'autres non. Il s'agit là d'une sensibilité qui a besoin d'être éveillée et éduquée. Ce monde intérieur des valeurs engage notre liberté. Sentir, c'est consentir à plus grand que soi, c'est développer des attitudes qui sollicitent notre conscience sans la contraindre, et nous disposent à accueillir la parole de Dieu. Là se fait entendre la voix du Bon Berger, qui se fait reconnaître des insinuations du menteur.

• Le troisième niveau, le plus intime, que François de Sales compare au Saint des saints du temple de Jérusalem, est celui du sens spirituel proprement dit, qui nous fait goûter la force des Béatitudes évangéliques. C'est sentir et désirer ce que le Christ a choisi et préféré, vouloir se mettre à son école, pour apprendre de lui la douceur et l'humilité, le pardon des offenses et le service désintéressé. C'est accéder à un autre monde, celui du royaume de Dieu. Un pas que nous pouvons désirer faire, mais qui n'est pas en notre pouvoir. Il est l'objet de notre prière, puisque c'est Dieu lui-même qui répand son Esprit dans nos cœurs et nous porte au bien par ses motions. Ainsi le pas qu'ont franchi le père Christian de Chergé et ses compagnons cisterciens lorsqu'ils ont décidé de rester à Tibhirine, au risque de leur vie, par solidarité avec leurs amis algériens. Sans être appelés à une telle radicalité, beaucoup de chrétiens découvrent un jour ou l'autre qu'ils sont habités par l'Esprit du Christ, qui leur inspire de changer de trottoir pour prendre soin du blessé de la route, plutôt que de courir à leurs propres affaires. Ils y trouvent plus de bonheur qu'aux jours où abondent leurs vendanges et leurs moissons.

Saint François de Sales disait, en évoquant les philosophes de l'Antiquité, « qu'il y avait deux sortes d'extase, dont l'une nous élevait au-dessus de nous-mêmes, et l'autre nous ravalait au-dessous. Comme si l'homme, étant d'une nature moyenne entre l'ange et la bête, s'élevait jusqu'à sentir les réalités d'en haut en s'exerçant aux actions spirituelles, tandis qu'il s'enlisait dans une sensualité basse et terrestre en s'appliquant aux plaisirs des sens » (« Des affections de la volonté », *Traité de l'Amour de Dieu*, livre I, chapitre 5). Et saint Augustin, convaincu que notre cœur est fait pour Dieu (*capax Dei*), dit que toute la vie du vrai chrétien est un saint désir : « Telle est notre vie, nous exercer en désirant. Vide à fond ce qui doit être rempli ! Le bien doit remplir ton âme, déverse le mal ! Il faut la purifier à force de peiner, de frotter, pour la rendre apte à recevoir cette réalité mystérieuse. »

Jérôme Nadal, délégué de saint Ignace, disait qu'il avait une prière très privilégiée : « Et, en outre, en toutes choses, actions et conversations, comme s'il sentait et contemplait la présence de Dieu, il avait le goût des réalités spirituelles et il était contemplatif dans l'action même, ce qu'il avait coutume d'exprimer par ces mots : il faut trouver Dieu en toutes choses. »

LIRE ET MÉDITER

BIBLE

Bernard Marliangeas

LES PARABOLES

Chemins de traverse au pays de l'Évangile

Cerf, 2024, 176 p., 16 €.

Ce sont les prophètes, nous dit Bernard Marliangeas, qui font la spécificité de la structure de la société traditionnelle juive. À côté des « guerriers », « commerçants » et « prêtres », personnages reconnus par les ethnologues dans la plupart des sociétés antiques, les prophètes, dont Moïse est le prototype, constituent un quatrième type et « se distinguent des prêtres et sont souvent en opposition avec l'opinion dominante dans la société ». Permettre au lecteur d'aujourd'hui de sentir combien Jésus s'inscrit dans cette lignée prophétique, et combien les paraboles sont l'outil privilégié pour interpeller, provoquer et secouer des représentations trop figées sur la révélation de Dieu, semble constituer l'enjeu principal de l'ouvrage. L'auteur, frère dominicain, ancien producteur de l'émission « Le Jour du Seigneur » et longtemps membre du Centre national de pastorale liturgique, devenu le Service national de pastorale liturgique et sacramentelle (SNPLS), ne propose pas ici une démonstration érudite à l'intention des exégètes mais plutôt un parcours accessible – qui suppose néanmoins une certaine familiarité avec la Bible – d'une vingtaine de paraboles issues des trois évangiles synoptiques. Après une introduction sur le genre spécifique de la parabole, qui propose « des détours hors des chemins habituels », et avant une conclusion en forme d'envoi, le cœur de l'ouvrage, en huit chapitres, permet au lecteur de replonger dans le texte même de paraboles parfois bien connues, et d'en percevoir la force et la saveur pour aujourd'hui, grâce aux commentaires simples et profonds de Bernard Marliangeas. L'un des intérêts plus particuliers de l'ouvrage est de lier en un même chapitre plusieurs paraboles : à la différence d'une prédication dominicale centrée sur un unique passage de l'Évangile, l'auteur fait ainsi ressortir les résonances entre plusieurs récits, et combien différentes paraboles se complètent et s'enrichissent mutuellement. Au fil des pages, le « détour » des paraboles reconduit le lecteur à une parole de Dieu, bien vivante, pour aujourd'hui. Le livre et les chapitres se lisent aisément, comme des jalons pour la prière et la méditation personnelle, que ce soit au cours d'une retraite ou simplement dans la vie ordinaire.

■ CYRILLE CAUSSE

Bruno Régent

ÉVANGILES DE GUÉRISON

Des chemins de foi

Éditions jésuites, 2024, 180 p., 18 €.

Voilà un ouvrage original. Bruno Régent, jésuite, propose une méthode de lecture qui consiste à se mettre à la place des personnages de plusieurs récits de guérison dans les évangiles, principalement celui de Marc (notons qu'il s'appuie sur une traduction du grec mot à mot). Le lecteur est invité à s'approprier intérieurement le fil narratif des péricopes, en se représentant ce que ressentent les différents acteurs des situations (sauf Jésus, que l'auteur s'interdit de solliciter) et ce qu'ils imaginent. On se met ainsi dans la peau des évangélistes, auteurs d'une construction littéraire, mais on s'essaie également à éprouver la vie concrète d'un lépreux, d'un aveugle, mais aussi d'un centurion, d'un pharisien ou encore d'un témoin anonyme. Cette méthode conduit le lecteur à reconsidérer « son propre itinéraire » – à l'occasion de « pauses dans la lecture » ménagées au fil de l'ouvrage – comme l'ont fait les quatre premiers disciples, André, Jacques, Jean et Pierre. C'est à la fin seulement que l'auteur formule sa thèse : « Les récits de guérison montrent l'importance de la foi. » Le « pécheur libéré » (p. 180) ouvre son cœur afin d'accepter un déplacement intérieur, laissant résonner dans sa vie spirituelle l'effet des guérisons opérées par le Christ. L'approche n'est pas sans rappeler celle de *L'évangélisation des profondeurs* de Simone Pacot (Cerf, 1997). La guérison d'êtres infirmes ouvre une réflexion, mais beaucoup trop rapide, sur le handicap (pp. 174-175). La principale limite de cette approche réside dans l'absence de références scientifiques et exégétiques (ni apparat critique, ni notes de bas de page, ni bibliographie). Seule la puissance imaginative de Bruno Régent guide le lecteur, qui doit consentir à vivre la même expérience de méditation littéraire. Aussi la pertinence spirituelle de cette proposition est-elle délicate à évaluer ; « se laisser faire par le texte » (p. 179) est nécessaire, mais probablement insuffisant pour nourrir une vie de foi active.

■ THIERRY LE GOAZIOU

Nikolaas Sintobin

PRIER AVEC LA BIBLE

À l'école d'Ignace de Loyola

Éditions jésuites, 2024, 206 p., 19 €.

Vous pratiquez la prière ignatienne quotidiennement et cherchez à vous renouveler ? Vous accompagnez spirituellement et recherchez des textes ou des pistes de prière ? Vous débutez dans l'oraison ignatienne ? Vous priez avec la Bible et avez du mal à faire découvrir cette méthode à d'autres ?

Vous priez régulièrement avec d'autres et vous recherchez de nouvelles façons de prier ? Vous trouverez dans l'ouvrage de Nikolaas Sintobin des ressources claires et simples à mettre en œuvre.
Ce petit guide de l'oraison ignatienne se présente comme un manuel pratique : il accompagne le lecteur étape par étape, en posant d'abord les bases essentielles de la prière (« Qu'est-ce que la prière ? », « Pourquoi prier avec la Bible ? »), puis en apportant des éléments concrets et pratiques, de la préparation jusqu'à la relecture. L'ouvrage aborde aussi des thèmes plus larges (« La prière comme espace de liberté », « Une école de discernement »), donnant à la fois profondeur et perspective. Un exemple détaillé de prière guidée et un parcours de prière structuré autour de cinquante textes bibliques permettent de mettre en pratique la méthode. Chaque texte est accompagné de suggestions pour nourrir l'oraison, en suivant le chemin des *Exercices spirituels*. Des demandes de grâce sont proposées pour chaque étape, mais le parcours reste flexible, laissant la possibilité de choisir des textes selon les besoins de chacun.

Facile à lire, le livre est composé d'articles courts qui tiennent chacun sur une page. Nikolaas Sintobin crée ici un mode d'emploi de l'oraison ignatienne, rassemblant les fondamentaux, tout en y apportant un regard neuf grâce à des images percutantes et décalées, comme « le principe du réfrigérateur » ou les réflexions autour « des vaches sacrées et des angles morts ». Un livre de référence !

■ JULIETTE PLOQUIN

HISTOIRE DE LA SPIRITUALITÉ

Dominique Poirel

MYSTIQUE

Aventures et mésaventures d'un mot des origines à nos jours

Cerf, 2024, 528 p., 34 €.

Comment ne pas songer en s'embarquant dans cette somme à la phrase de Balzac dans *Louis Lambert* : « Quel beau livre ne composerait-on pas en racontant la vie et l'aventure d'un mot ? » Le terme « mystique », dont l'historien Dominique Poirel retrace l'épopée, appartient à ces « mots brouillards » tellement saturés de discours que leur sens est devenu vague, insaisissable. Il se distingue par sa signification glissante. Tout le monde l'emploie, personne ne le définit. Au fil des siècles, il a désigné à la fois tout et son contraire : une pathologie du sentiment religieux et un état qui libérait les plus hautes virtualités de l'homme, le privilège de quelques virtuoses de la sainteté et la vocation normale d'une vie spirituelle. Pour certains, la mystique se manifestait par des phénomènes extraordinaires et étranges alors que d'autres considéraient que le critère authentique pour vérifier une expérience mystique était la liberté par rapport à ses passions et la charité en acte dans le quotidien banal.

L'un des grands mérites de ce livre humble et précis est de mettre de l'ordre dans ce chaos. L'ambition de son auteur est de suivre, au plus près des textes, les principales évolutions du terme, de repérer les moments de glissements et d'inflexions de sens, d'en proposer une périodisation claire. Impossible de résumer ici les grandes lignes de cette aventure sémantique. Mais on est frappé à la lecture de cet ouvrage, destiné à devenir un classique, par l'extraordinaire fortune de ce mot, dont on annonce sans arrêt le crépuscule, mais qui ne cesse de renaître sous des sens nouveaux, d'envahir les discours, de se reconfigurer autrement. À cette floraison incessante, Poirel hasarde une explication : si le sens du mot varie tant, c'est que chaque culture l'investit de ses aspirations et de ses hantises. La mystique est une fonction culturelle plus qu'un contenu notionnel : elle sert à désigner le refoulé, l'impensé, le négatif, le manque fondamental qui tenaille secrètement chaque époque.

■ CHARLES WRIGHT

Xavier Loppinet

LES SOURDS, EN CE JOUR-LÀ, ENTENDRONT LES PAROLES DU LIVRE

Cerf, 2024, 336 p., 25 €.

Xavier Loppinet, dominicain, est référent de la coordination pastorale des sourds de France, après avoir été aumônier de la communauté. Après un beau livre sur l'attachement sensible au chien (*Mon chien me conduira-t-il au Paradis ?*, Cerf, 2020), il publie un ouvrage sur les sourds dont le titre est tiré de la prophétie d'Isaïe (Is 29, 18), qui souhaite rendre justice à ceux qui « n'entendent pas et que l'on n'entend pas ». Il se veut « une dynamique de défrichage de la *terra incognita* du sentiment religieux sourd ».

Dans les six premiers chapitres, le lecteur découvre la richesse et la diversité du monde des sourds et leur place au sein de l'Église, à travers toute une série de portraits inspirants, dont celui de l'abbé de L'Épée (1712-1789), bien entendu. On y apprend que Zacharie est le patron des sourds et que François de Sales a entretenu un lien filial avec le sourd Martin.

Le quatrième chapitre, central, met en lumière la question de la confession de foi, déterminante pour la communauté sourde. En effet, si « la foi naît de ce que l'on entend » (Rm 10, 17) et que la confession de foi s'exprime verbalement, comment les sourds peuvent-ils la confesser ? Cette question du langage et de la désignation constitue l'arrière-fond des commentaires bibliques et des maîtres spirituels cités, d'Augustin à Thomas d'Aquin. Le troisième chapitre évoque les liens entre l'espace monastique et les sourds qui ont en commun une vie consacrée au silence. Le sixième chapitre aborde le ministère des sourds au service de la communauté sourde, insuffisamment connu et reconnu.

L'ambition théologique du livre apparaît surtout dans le dernier chapitre mais reste au seuil de son déploiement, avec des auteurs majeurs peu discutés (Nancy Eiesland [1964-2009]) ou non cités (Henri-Jacques Stiker et son ouvrage capital *Corps infirmes et sociétés* [Dunod, 2013]). De fait, pour Xavier Loppinet, la théologie sourde se trouve d'abord dans les pratiques liturgiques et s'articule autour de trois pôles : Dieu créateur, la Providence et l'oralité du Christ. On regrette l'absence d'approfondissement du thème spirituel essentiel qu'est le silence dans la vie chrétienne. Les sourds n'illustrent-ils pas, analogiquement, une forme possible du silence de Dieu qui nous invite à sortir des représentations ordinaires ? Mais l'auteur livre un ouvrage novateur qui invite à aller au-delà des apparences pour approfondir la façon dont Dieu se manifeste à l'être humain tel qu'il est. Il aidera à surmonter l'étrangeté inquiète ressentie face à une trop grande différence.

■ THIERRY LE GOAZIOU

Moines de Tibhirine

HEUREUX CEUX QUI PRIENT

Maison de prière pour toutes les nations

Textes recueillis et présentés par Marie-Dominique Minassian, introduits par Étienne Baudry, Abbaye de Bellefontaine – Bayard – Cerf, « Les écrits de Tibhirine », volume 5, 2024, 320 p., 25 €.

Voici le cinquième volume des archives des moines de Tibhirine, diligenté par l'« Association pour la protection des écrits des sept moines de la communauté Notre-Dame de l'Atlas ». Marie-Dominique Minassian a assuré le travail d'édition de ce volume, comme des quatre précédents, nous donnant ainsi accès au cœur de la vie de ces sept moines. Les textes rassemblés sont répartis en trois chapitres d'inégale grandeur, qui reprennent les trois parties d'un entretien du père Christian de Chergé commentant Marc 11, 17 : « Je suis une maison de prière », « Une maison de prière pour tous les peuples », « Une maison de prière qui est aussi la caverne d'un brigand ». Les sept moines sont plus ou moins représentés selon l'état des archives, de quelques lignes extraites d'une correspondance jusqu'à des documents élaborés qui tiennent plusieurs pages, le tout par ordre chronologique. Une dernière partie, « Résonances », réunit quatre témoignages de proches (dont deux musulmans), une chronologie, une brève présentation des frères et une bonne bibliographie.

Ce livre n'est donc pas un traité sur la prière mais l'expression, dans sa simplicité abrupte, d'un long mûrissement à la fois personnel et communautaire opéré au cœur de ces hommes qui se sont livrés avec constance à la prière personnelle comme à l'office monastique, le témoignage des fruits de la grâce à travers lumières et obscurités. Le chapitre central permet, en particulier, de suivre l'ouverture progressive de cette prière aux proches musulmans : non pas seulement être côte à côte pour prier, comme à Assise, mais prier ensemble, ce qui était une ouverture de grande portée et le cœur de la vocation particulière de la communauté. Nous est donc proposé dans cet ouvrage un outil de travail très utile pour les chercheurs et la possibilité de belles méditations pour tous ceux et toutes celles que l'expérience de Tibhirine nourrit spirituellement.

■ FRANÇOISE DURAND

Gilles Berrut, Catherine Masson et Jean-René Berthélémy (dir.)

VIVRE L'ÉVANGILE

Chemins croisés de laïcs dominicains

Cerf, 2024, 280 p., 22 €.

Des laïcs dominicains évoquent d'autres laïcs dominicains sur une période d'un millénaire et s'adressent à tous les chercheurs de Dieu : c'est l'entreprise originale que proposent plusieurs fraternités laïques dominicaines. Selon des styles et des approches diverses, vingt-six figures qui ont marché sur les pas de saint Dominique sont présentées dans leur engagement ecclésial. Portés eux-mêmes par la prière, l'étude et la fraternité, les auteurs composent une galerie de portraits d'hommes et de femmes dont la vie témoigne d'une recherche authentique de la vérité, dans un mouvement accompli de conversion et de sanctification. Si certains noms sont connus – Catherine de Sienne, Rose de Lima – la plupart sont inconnus ou méconnus en dehors des cercles des frères prêcheurs. L'ouvrage cherche à montrer la cohérence des témoignages à travers la diversité et la richesse des récits de vie ; tous concourent à illustrer « un chemin de vie en Christ » (p. 11), sans tomber dans l'écueil d'une hagiographie envahissante. Cette proposition permet d'« ouvrir son cœur » en allant à la rencontre de ces croyants qui ont vécu une vie irriguée par la puissance de la Croix. Le lecteur est invité à poursuivre l'œuvre de ces témoins de l'Église, au-delà de la stricte appartenance à l'ordre dominicain. Le dernier chapitre, tourné vers l'avenir, rappelle que l'Église est porteuse d'une réelle faculté d'adaptation et que, si les raisons de désespérer sont nombreuses, l'annonce de l'Évangile est apte à les surmonter. Il faut des ouvriers capables de rendre compte de leur espérance (1 P 3, 16), non pour briller mais pour éclairer, selon la préconisation de saint Thomas d'Aquin, et diffuser ainsi dans le monde une parole de réconfort pour tous les « cabossés de la vie ».

■ THIERRY LE GOAZIOU

THÈMES SPIRITUELS

Éric de Rus

LA GRÂCE D'ALTÉRITÉ

Récit

Éditions Salvator, 2023, 156 p., 17,90 €.

Éric de Rus, philosophe et poète, relate son expérience de vie marquée par son « altérité ». Il la décrit d'abord comme « une manière autre d'être au monde, que le monde reconnaît d'instinct comme n'étant pas la sienne ». Ce n'est qu'à la fin de l'ouvrage qu'il révèle ce qu'il n'a lui-même appris qu'au moment d'achever le manuscrit de ce livre : il est diagnostiqué autiste Asperger « à haut potentiel créatif ». Ce livre, remarquable à bien des égards, dévoile avec pudeur et délicatesse le jardin intérieur riche et complexe d'un homme dont le rapport au monde est à la fois une épreuve et une source de créativité. Éric de Rus parvient à faire entrer dans une expérience qui pourrait paraître impartageable. En le lisant, on comprend mieux ce que vivent ceux qui ne peuvent s'adapter au monde qu'au prix d'un incessant effort, mais aussi la violence qui leur est involontairement infligée. Contacts physiques désagréables, hypersensibilité sensorielle parfois douloureuse, difficulté à entrer dans le mode de relation qu'impose la vie sociale, peine à comprendre le monde… L'auteur dit ainsi avoir dû apprendre la langue des conventions comme on le fait d'une langue étrangère. Ce qui paraît évident à beaucoup dans la vie relationnelle, il doit l'apprendre. Le déploiement d'une telle « virtuosité adaptative » l'éloigne de lui-même jusqu'à l'épuisement. Si l'auteur ne cache pas l'épreuve d'une telle vie, il en montre aussi la richesse et la profondeur. Il va en effet puiser dans son être singulier pour entrer dans des relations qu'il « éprouve comme un enchantement immérité ». Cette différence lui a également permis, dit-il, d'accéder à un « mystère de consolation » : le toucher d'une Présence, la révélation d'un Amour qui n'est pas de ce monde et qu'il reconnaît en la personne du Christ. Il peut ainsi témoigner du « ravissement d'avoir été sauvé des eaux par une présence de pur Amour qui n'efface pas l'expérience du désastre ». C'est un exploit que de parvenir ainsi à dévoiler et à exprimer ce qui fait de soi « un autre » tout en maintenant la tranquille assurance qu'être soi-même est bon. « Écrire, c'est jeter un pont entre les mondes. » Ce livre le montre. Que son auteur soit remercié pour des paroles qui aideront certains à se connaître et à s'aimer mieux peut-être, et d'autres à comprendre un proche « étranger ».

■ MARIE-CAROLINE BUSTARRET

Emmanuel Durand

THÉOLOGIE DE L'ESPÉRANCE

Cerf, 2024, 208 p., 20 €.

Dans les diverses crises qui marquent notre époque, nous avons besoin d'une « foi qui espère » (p. 12). Aussi Emmanuel Durand, dominicain, réfléchit-il sur les mystères centraux du christianisme en les interrogeant du point de vue de l'espérance. Celle-ci diffère d'un simple espoir qui porterait sur des biens accessibles ; elle porte ultimement sur le Dieu Trinité, « seule espérance en nos situations fermées » (p. 41). S'arrêtant sur les divers articles du *Credo*, l'auteur médite d'abord sur le « gémissement de la création » : cette « plainte de la terre » révèle certes le péché commis contre la nature créée, mais elle témoigne aussi d'une « aspiration à la gloire filiale ». Vient ensuite un chapitre sur Jésus Christ et sur la manière dont il a « espéré pour autrui », dans l'exercice de sa mission comme au temps de son épreuve finale ; c'est cela même qui permet au croyant de pouvoir, à son tour, « espérer pour tous les hommes encore en chemin » (p. 92). Le chapitre suivant traite de l'Esprit, présenté comme « puissance novatrice d'espérance » (p. 95). Puis l'auteur médite sur la charité ; celle-ci « espère tout », là même où l'homme laissé à ses seules forces n'attend plus rien ; elle ouvre de nouveaux possibles, y compris dans des situations d'injustice ou d'abus. L'Église, certes, est gravement blessée par le péché de ses membres ; elle n'en est pas moins l'Épouse qui attend son Seigneur, et donc une « communauté d'espérance » (comme en ont témoigné les martyrs de Tibhirine). L'auteur aborde enfin l'espérance relative aux « choses dernières », celle qui porte sur la résurrection de la chair, le Jugement dernier et la communion des saints. On doit savoir gré au frère Durand d'offrir une si belle méditation, nourrie de l'Écriture et riche de références à la tradition chrétienne. L'espérance dont il s'agit ne détourne nullement des tâches terrestres ; elle n'en porte pas moins sur Dieu même : « Il ne s'agit pas alors d'espérer ceci ou cela, mais d'espérer surtout que Dieu agisse comme Sauveur » (p. 192).

■ MICHEL FÉDOU

Antoine Bloom

L'EXPÉRIENCE DE LA FOI

Préface d'Olga Lossky-Laham, éditions des Syrtes, 2024, 256 p., 12 €.

LA VIE DANS L'ESPRIT

Préface d'Olga Lossky-Laham, éditions des Syrtes, 2024, 224 p., 12 €.

Les disciples et amis d'Antoine Bloom (1914-2003), qui a été métropolite de Souroge (c'est-à-dire évêque du diocèse du patriarcat orthodoxe de Moscou pour la Grande-Bretagne) pendant près d'un demi-siècle, présentent ici deux ouvrages dans lesquels sont retranscrits des enseignements de Bloom en 1972 et 1973. Mgr Bloom avait été invité par une communauté de moniales en Belgique, à Louvain, et y a prêché plusieurs retraites sur des thèmes spirituels toujours actuels. On y entend non seulement la voix du pasteur proche des fidèles, mais également l'ancien médecin, employant des métaphores médicales pour désigner les maladies de l'âme, tranchant, sur le plan dialectique, avec l'approche du péché qui était davantage juridique dans le contexte occidental où il vivait. Avant de devenir prêtre puis évêque, Bloom a été secrètement moine dans le monde, si bien qu'il peut parler d'une expérience spirituelle intense tout en indiquant comment l'incarner dans la société contemporaine, sans mépris ni confusion.

L'ouvrage intitulé *L'expérience de la foi* porte principalement sur des questions de discernement, notamment la définition de la foi, le mystère du mal, le pardon, le jugement et les relations fraternelles. *La vie dans l'Esprit* met en évidence un domaine théologique dans lequel l'orthodoxie contemporaine a pu enrichir le dépôt chrétien commun, à savoir la pneumatologie. Avec quelles simplicité et spontanéité et quelle profondeur Bloom introduit-il ses auditrices et le lecteur à la vie dans l'Esprit saint ! Ses références sont moins livresques qu'empiriques : on entend à la fois l'homme de prière et le pasteur qui a marqué de nombreuses générations de fidèles en Grande-Bretagne et dans toute l'Europe. Ayant principalement grandi à Paris, il avait conservé beaucoup de liens avec tout le monde francophone ; cependant, son ministère le reliait aussi à l'Europe au-delà du Rideau de fer : en effet, en lien hiérarchique avec l'Église orthodoxe de Russie, il s'est rendu en URSS de multiples fois et ne pouvait pas ignorer la situation d'oppression des fidèles et de toute la population dans cette immense partie du monde.

Dans ces livres d'entretiens avec des moniales catholiques belges, Bloom n'aborde pas vraiment ces sujets sensibles, peut-être parce que la prédication en milieu monastique n'a pas forcément à se préoccuper du contexte social et politique du milieu des années 1970, qui ont pourtant été marquées par des répressions considérables en Union soviétique. Cette remarque n'enlève rien à la qualité des enseignements du métropolite Antoine Bloom sur la connaissance de Dieu, mais le lecteur averti pourra prolonger sa réflexion par une interrogation sur cette tension inhérente à toute figure enseignante dans les sociétés humaines.

■ CHRISTOPHE D'ALOISIO

Jean-Pierre Lemaire

BERNADETTE SOUBIROUS

La plus secrète des saintes

Salvator, « Centenaire », 2024, 92 p., 14,90 €.

Un livre plein de douceur, celle d'une mise en présence de Bernadette Soubirous (1844-1879), au gré de petites touches par lesquelles le poète Jean-Pierre Lemaire fait entrer le lecteur, avec une extrême pudeur, dans son expérience spirituelle. Séjour après séjour à Lourdes, Jean-Pierre Lemaire a vécu une rencontre lumineuse avec la petite sainte de Lourdes et de Nevers. Il a découvert, au-delà de la renommée internationale qui attire tant de foules à Lourdes, une femme humble et toute simple, une femme de silence et de modestie, tout en discrétion. Ce visage de Bernadette s'est révélé à lui petit à petit, il l'a profondément ému, touché, transpercé, et il est ainsi entré en familiarité, en amitié avec la petite sainte. La rencontre s'est encore approfondie à l'occasion d'une visite à la châsse de Bernadette à Nevers. Le texte est d'une grande densité, d'une profonde beauté, mettant en écho des sections en prose de Jean-Pierre Lemaire avec des sections en vers de divers poètes contemporains. Jean-Pierre Lemaire n'écrit pas une biographie de Bernadette, il met le lecteur en présence de *la plus discrète des saintes* par la puissance de l'évocation poétique de sa propre expérience spirituelle. Une lecture intense qui marque le cœur.

■ LAURE BLANCHON

Yann Vagneux

UNE ÉMULATION DE SAINTETÉ

Hindouisme et christianisme en dialogue

Desclée de Brouwer, 2024, 300 p., 20 €.

Prêtre des Missions étrangères de Paris (MEP), enraciné depuis bon nombre d'années à Bénarès, sur la rive du Gange, en Inde, Yann Vagneux offre ici une exploration en profondeur de thèmes centraux de la tradition hindoue et des résonances théologiques et spirituelles qu'ils peuvent susciter dans l'esprit et le cœur d'un chrétien. Ce parcours est le fruit d'un « expatriement », d'une longue plongée dans la société hindoue et de relations d'amitié nouées avec des habitants de cette ville sainte entre toutes. Le sacrifice primordial qui donne naissance au cosmos, les jeux du désir et de l'absence, de l'attente patiente et de la rencontre comblante, les perspectives de la libération et de la résurrection, les voies multiples et cependant rigoureuses de la dévotion, du yoga et du tantra : voilà quelques-unes des lignes de force qui structurent la progression de ce livre.

Il y est fait appel à des textes classiques et à d'autres moins connus mais aussi aux gestes, symboles et démarches de la vie croyante tels que Yann Vagneux peut les observer au quotidien dans l'Inde d'aujourd'hui. Le versant chrétien de chaque chapitre de cette « théologie en conversation » n'est pas moins riche de substance : il est nourri de la Bible et des Pères de l'Église, de mystiques comme Hadewijch d'Anvers et Jean de la Croix, de penseurs chrétiens contemporains tels que Hans Urs von Balthasar et Henri de Lubac, d'artisans du dialogue à l'instar de Louis Massignon et Henri Le Saux, sans oublier Jules Monchanin, ce prêtre lyonnais, pionnier de la vie contemplative chrétienne en Inde, à qui l'auteur emprunte le titre magnifique de son livre, formulation prophétique si l'on songe que Monchanin la conçut vers 1950 !

Si ce livre porte sur l'hindouisme et les hindous un regard d'espérance, c'est sans admiration béate : l'auteur sait reconnaître des points faibles de l'hindouisme contemporain emporté dans les transformations rapides de la société indienne et surtout dénoncer la croissante exploitation politique de thèmes et de symboles religieux. Ces allers et retours entre deux traditions millénaires se lisent à la fois comme un récit d'exploration et comme un itinéraire spirituel exigeant mais toujours accessible : on y retrouve la plume alerte du chroniqueur régulier de *La Croix*.

■ JACQUES SCHEUER

Philippe Charru
et Christoph Theobald

LA *MESSE EN SI MINEUR* DE JOHANN SEBASTIAN BACH

Un « culte en esprit et en vérité »

Vrin, « Musicologies », 2024, 208 p., 24 €.

La lecture et la compréhension de la *Messe en si mineur* à laquelle nous convient Philippe Charru et Christophe Theobald dévoilent magistralement comment Johann Sebastian Bach, en travaillant pendant vingt-cinq ans à cette œuvre ultime, a déployé toutes les ressources de sa foi, de sa culture théologique et de son génie musical, et donné corps aux orientations premières d'un luthéranisme auquel il est resté fidèle jusqu'au bout : une foi centrée d'abord sur le Christ crucifié, sur la Trinité, une foi née de l'écoute – « *fides ex auditu* » (Rm 16, 17) –, écoute de la Parole salvatrice invitant à glorifier la Trinité, Parole que chacun doit pouvoir lire, entendre et comprendre dans sa langue, s'en pénétrer pour en vivre. Si la musique s'avère essentielle, c'est que – constituant, écrit Luther, « l'instrument du ministère de l'Esprit » – elle accomplit l'intériorisation de la Parole. Ici, la musique n'illustre ni n'exprime la Parole : elle la fait travailler au cœur d'une sensibilité humaine qu'elle pétrit et tourne vers la Présence trinitaire. Du foyer premier d'une écoute que produisent la lecture et la voix parlée jaillit la voix chantée libérant le cœur pour « le chant d'un cantique nouveau ». Chez Bach, tout symbolise, tout signifie, ainsi que l'explicitent les auteurs. Exemples entre mille : les nombres (les vingt-sept morceaux de la Messe, un trois-fois-trois-fois-trois trinitaire) ; les styles (*stile antico,* polyphonie souveraine pour dire l'ordre fondateur des choses ; *stile moderno* pour les mille nuances des sentiments éprouvés, l'un et l'autre honorant équivalemment l'intelligence et le cœur) ; l'organisation musicale (ainsi la musique du *Gratias agimus*, dans le *Gloria*, que reprend exactement l'ultime morceau, *Dona nobis pacem*, pour signifier que la gloire de Dieu *est* la paix sur la terre, et non ce que pourrait inciter à croire un *Hosanna* triomphant). Analyser pour mieux sentir, pour mieux écouter, pour mieux prier – juste façon, croyons-nous, de dire le propos d'un admirable livre, capable de transformer notre rapport à la *Messe en si mineur.*

■ GILDAS LABEY

Jacques Fédry

SE CONVERTIR

Ignace nous ouvre le chemin

Éditions Vie chrétienne, 2024, 112 p., 18 €.

En 2023, l'année de sa mort, le jésuite Jacques Fédry (1938-2023) a pris l'initiative de rassembler quelques-uns de ses articles fondamentaux, mais aussi l'essentiel de ses pensées et de ses lectures ainsi que de son expérience d'accompagnateur spirituel. Il en résulte ce petit livre à la couverture attrayante, qui donne envie de vivre cette « conversion » présentée comme « une invitation, une chance et l'œuvre d'une vie ». Le contenu de cet ouvrage plaisant, plutôt classique, est divisé de manière originale en quatre étapes. La première, « La conversion », décrit un processus continu illustré par le vécu d'Ignace de Loyola : un événement douloureux suivi de l'approfondissement du désir, puis la rupture avec le passé, la révélation de l'amour de Dieu éclairée par le discernement, et enfin la découverte d'un appel profond en soi. La deuxième étape, « Le sens de l'existence », est fondée sur le parcours des *Exercices spirituels*, du « Principe et fondement » jusqu'au « *Magis* », c'est-à-dire un cheminement depuis la jalousie (« Pourquoi pas moi ? ») vers une louange étonnée (« Pourquoi moi ? »), jusqu'à la recherche de « la plus grande gloire de Dieu ». Les deux dernières étapes sont consacrées à « Prier avec son corps », puis à « Discerner ». À partir du *Récit du pèlerin*, du journal spirituel d'Ignace, du livret des *Exercices spirituels*, des évangiles et de citations diverses (André Louf, Denis Vasse, Jean-Noël Bezançon, saint Alberto Hurtado, etc.), le père Fédry précise ce que peut être une expérience spirituelle et ce qu'est la pédagogie des *Exercices*. Ses commentaires sont simples et clairs. Le livre invite à penser et permet de comprendre. Chaque partie est complétée par des questions concrètes qui aident à rechercher des correspondances dans nos propres vies. Un bref chapitre sur l'accompagnement spirituel clôt le livre : ce qu'il est, ce qu'il n'est pas, ce qu'il ne doit pas être, ce pour quoi il est fait et comment il peut porter du fruit. D'accès facile pour qui désire avancer et être éclairé dans sa quête de sens à l'école d'Ignace, ce livre ouvre le cœur vers une conversion heureuse.

■ MICHEL SIBILLE

Joseph Famerée

PRIER AVEC VATICAN II

Éditions SCJ Clairefontaine, 2023, 104 p., 12,50 €.

Le livre du père Joseph Famerée, prêtre de la Congrégation des prêtres du Sacré Cœur de Jésus (SCJ), est une intéressante, brève et solide introduction à l'enseignement fondamental du concile Vatican II. En peu de mots (cent pages !), l'auteur livre un résumé thématique, chapitre par chapitre, des apports essentiels du Concile, du renouvellement de la liturgie et de la compréhension du mystère de l'Église à son ouverture aux « joies et espérances » des hommes de son temps. À la fin de chaque chapitre, un texte d'Évangile ou les paragraphes du Concile préalablement commentés sont proposés à la méditation, assortis d'une prière de demande.

On saluera l'opportunité d'un tel ouvrage à l'heure où l'Église approfondit sa réception du Concile, tout en éprouvant la diversité des courants (faudrait-il dire des « motions spirituelles » ?) qui la traversent à son égard. Dans ce contexte, le mérite du livre est de proposer un contenu accessible et bien pensé (l'auteur est un ancien professeur d'ecclésiologie) et de proposer de revenir à la prière des textes conciliaires.

Cependant, le livre parvient-il à introduire son lecteur dans une véritable démarche spirituelle ? On regrettera que l'exposé se centre sur l'apport doctrinal sans proposer de pistes plus développées sur la manière d'approfondir dans la prière. Il parle à la tête mais peine à la relier au cœur, pourtant lieu par excellence du discernement et de la prière. Malgré cette limite, il constituera un très bon instrument de travail pour des pasteurs ou des laïcs soucieux de rafraîchir leur compréhension du Concile ou de préparer des formations, voire des retraites à partir de son contenu.

■ MATTHIEU FLOURENS

Francine Carrillo

FILIGRANES

Labor et Fides, « Petite bibliothèque de spiritualité », 2024, 112 p., 15 €.

Avec une plume tendre, poétique et passionnée, Francine Carrillo nous entraîne dans une exploration contemplative et amoureuse du texte biblique, en s'appuyant sur l'hébreu, langue du souffle et du mystère, et en dépliant strate par strate ces textes qui nous révèlent à nous-mêmes et nous appellent à la vie, à la vie davantage. *Filigranes*, littéralement « fil à grains ». L'écriture de Francine Carrillo reprend les fils des textes bibliques et les déroule, nous dévoilant la profondeur de ce qu'ils portent en eux, et tous les liens qui se jouent entre le lecteur, le texte, le temps, l'espace et Dieu. Francine Carrillo ouvre des perspectives, fait des liens, fait intervenir de multiples voix qui viennent éclairer le texte biblique, convoquant aussi bien le *Talmud* que des philosophes ou des artistes. Nous découvrons avec elle, sous un nouveau jour, des figures ou des récits connus ou moins connus : Élie, Sarah et son rire, Jacob et son combat, mais aussi des horizons nouveaux, tels que la *Shekhina*, cette proximité de Dieu sous son aspect féminin, ou l'« outre-joie ». Francine Carrillo déroule des fils, fait des liens et, ce faisant, à n'en pas douter, sème en nous des graines, des graines de curiosité et de désir de nous laisser tisser par ce texte biblique, de laisser résonner en nous ces textes millénaires et de les investir de nos questions, de nos joies, de nos angoisses, d'entrer en dialogue, à notre tour, avec eux. Le livre, tel un kaléidoscope, nous propose une multitude d'entrées de différentes couleurs sur le texte biblique, au travers d'autant de chapitres qui se savourent comme des poèmes. Ainsi que l'écrit Roland Barthes, cité par Francine Carrillo : « Interpréter un texte, ce n'est pas lui donner un sens […], c'est au contraire apprécier de quel pluriel il est fait. »

■ JULIETTE PLOQUIN

Jean-Philippe Pierron

NOS VIES SUR LA BRÈCHE

Une philosophie de l'intenable

Éditions de l'Atelier, 2024, 200 p., 18,50 €.

Dans les années 1930, la question des rapports entre la philosophie et la foi chrétienne a fait l'objet d'un grand débat : peut-on parler de « philosophie chrétienne » ? Peut-on être authentiquement philosophe si l'on considère que la vérité est l'objet d'une révélation – à la fois passée et à venir – et non le seul résultat d'une démarche rationnelle ? De grands penseurs (Gilson, Maritain, Heidegger) se sont affrontés à cette question. La question est aujourd'hui bien moins vive car l'exercice de la philosophie s'est ouvert à une compréhension plus large et mobile de la pensée, pour pouvoir rendre compte de l'expérience humaine dans ses extrêmes et dans sa diversité. On s'interroge plutôt : la philosophie fait-elle partie de la spiritualité ? Alors que les frontières s'effacent ou se modifient rapidement entre la réflexion et l'engagement, entre la littérature et le soin, entre croyances et religions, la philosophie fait en effet cause commune, de plus en plus, avec la recherche spirituelle ou existentielle. Ces considérations bien trop cavalières de « rangement » (dans quel rayon des bibliothèques ranger tous les livres qui portent une réflexion sur le sens de l'existence ?) ne valent pas un excellent exemple. Le dernier livre de Jean-Philippe Pierron, que les lecteurs de *Christus* connaissent bien comme auteur, illustre à merveille la convergence nouvelle et heureuse entre philosophie et spiritualité. Cela ne signifie pas que c'est une pensée en pente douce. Au contraire : Jean-Philippe Pierron, philosophe du soin, aborde de livre en livre des questions douloureuses en sachant qu'il n'est pas possible de leur apporter de réponses logiques et définitives. Comment survivre à la perte d'un être cher ? Comment vivre sur une Terre définitivement abîmée ? Cheminer ensemble dans une vie qui va vers la mort ? Ici, le philosophe nous invite à rester « sur la brèche », c'est-à-dire sur des fractures existentielles, sur des lieux de vie invivables, sur des mémoires déchirées. Qu'un philosophe nous parle de notre cœur, nous soigne en reliant, par une écriture imagée et sensible, nos émotions à des vérités « qui tiennent la route », est-ce « une insulte au sérieux » ? Les fantômes des philosophes du XXe siècle le diraient peut-être, en gémissant. La question de savoir « à quoi nous tenons », dans une actualité qui nous pousse à abandonner toute espérance dans l'avenir, est pourtant la plus sérieuse qui soit.

■ AGNÈS MANNOORETONIL

Colloque action « Spiritualité(s) et bien commun »
1er février, 9h30-17h30 – Michel Ray
Forum 104, 104 rue de Vaugirard, 75006 Paris
01 45 44 01 87, *michel.ray47@gmail.com*
ou *cecile@forum104.org*

Danser pour Dieu
15 février, 15 mars, 26 avril, 17 mai et 21 juin
Isabelle Vanthournout
Le Hautmont, 59420 Mouvaux
03 20 26 09 61, *contact@hautmont.org*

Pleine conscience et spiritualité ignatienne
Deux chemins qui se rencontrent
Du 5 au 9 mars
Thierry Lievens et Françoise Rassart
La Pairelle, Wépion (Belgique)
00 32 81 46 81 32, *https://csilapairelle.be*

Entrer dans la prière aidé(e) par le travail du clown
15-16 mars – Agnès Penet
Le Cénacle, 78000 Versailles
01 39 50 21 56, *www.ndcenacle.org/activite*

Trajet d'évangélisation des profondeurs
21-23 mars – Association Bethasda
Centre Saint-Hugues, 38330 Biviers
04 76 90 35 97, *www.sainthugues.fr*

***Burn out*, comment rebondir ?**
24-28 mars – Françoise Alexandre
Penboc'h, 56610 Arradon
02 97 44 83 83, *www.penboch.fr*

« L'un croit, l'autre pas »
25 avril – Équipe couples et familles
Côteaux Païs, 31000 Toulouse
05 62 71 65 30, *https://coteaux-pais.net*

Premiers repères pour l'accompagnement spirituel
9-13 juin – Manrèse, 93140 Clamart
01 45 29 98 60, *www.manrese.com*

École de vie *Laudato si'*
Pour les 23-35 ans
23-25 juin – Xavier de Bénazé
Le Châtelard, 69340 Francheville
04 72 16 22 33, *www.chatelard-sj.org*

Davantage de propositions sur le site de la revue (*www.revue-christus.com/actualites/evenements-et-partenariats*).

LE « PAS IGNATIEN » À PARAY-LE-MONIAL

Début octobre 2024, la revue *Christus* a participé au rassemblement du « Pas ignatien » (Promouvoir, aider et soutenir les propositions spirituelles selon les *Exercices spirituels*) à Paray-le-Monial, intitulé « Du Cœur du Christ au discernement en commun ». Il regroupait les différentes associations qui donnent les Exercices spirituels dans les diocèses, mais aussi de nombreux réseaux ou mouvements de la famille ignatienne en France. Ce fut pour nous l'occasion de rencontrer de nombreux lecteurs. Autour de la table de vente, nous nous sommes réjouis de constater que *Christus* pouvait devenir un cadeau à offrir pour Noël !

DEUX JOURNÉES DE FORMATION

Début novembre, Thierry Anne, rédacteur en chef de la revue, a donné une journée de formation auprès des prêtres de moins de trois ans de sacerdoce pour la région apostolique de Rennes. Le thème en était l'accueil des catéchumènes. Nous avons longuement échangé autour de l'expérience spirituelle inouïe que font nombre de nos contemporains, au point de demander à l'Église catholique d'être accompagnés et instruits pour prolonger cet élan intérieur.
Une autre formation a été offerte aux diacres permanents du diocèse de Nanterre, sur la centralité de la vie spirituelle et de l'accompagnement spirituel dans leur vie familiale, professionnelle et ecclésiale. De nombreux articles et numéros de la revue ont été cités comme un heureux soutien.

Toutes les informations sur www.revue-christus.com

Christus

Rédacteur en chef
Thierry Anne

Rédactrice en chef adjointe
Agnès Mannooretonil

Secrétaire de rédaction
Olivier Pradel

Comité de rédaction
Marie-Élisabeth Bonnamour
Bruno Cadoré
Guilhem Causse
Paul-Marie Chavanne
Olivier Dewavrin
Marc Leboucher
Anne Lécu
Élodie Maurot

Service commercial
Anne-Claire Marion

Création et maquette
Ketty Hoffschir

Conception graphique de la couverture :
Jérôme Froger

Fabrication et publicité
Nathalie Crepy

Trimestriel
www.revue-christus.com
14, rue d'Assas – 75006 Paris
Tél. abonnements : 01 44 39 48 04
abonnements.christus@ser-sa.com
redaction.christus@ser-sa.com
Le numéro : 15 €

Imprimée en Espagne par Factory
CPPAP : 0527 K 81593
ISSN : 0009-5834
Dépôt légal à parution.

Éditée par la SER-SA (principaux actionnaires : Assas éditions, Bayard Presse)
Président du conseil d'administration et directeur de la publication : Thierry Lamboley, s.j.
Direction générale : Anne-Claire Marion

Pays de provenance du papier : Espagne
Taux de fibres recyclées : 0 %
Origines des fibres : papiers issus de forêts gérées durablement
Impact sur l'eau : Ptot 0,020 kg/T

PEFC
PEFC-14-38-00257

Pour commander *Christus* au numéro, rejoignez-nous sur le site :

www.revue-christus.com/boutique

DERNIERS NUMÉROS DISPONIBLES :

276 L'expérience spirituelle (octobre 2022 - 14 € ; étranger 15 €)
277 Impossible pardon ? (janvier 2023 - 15 € ; étr. 16 €)
278 Quand la conversation devient spirituelle (avril 2023 - 15 € ; étr. 16 €)
279 Les trésors de la piété populaire (juillet 2023 - 15 € ; étr. 16 €)
280 Au milieu des images, veiller et prier (octobre 2023 - 15 € ; étr. 16 €)
281 S'engager, une histoire d'alliance et d'élan (janvier 2024 - 15 € ; étr. 16 €)
282 La force, puissance de création (avril 2024 - 15 € ; étr. 16 €)
283 L'attention, une vertu à exercer (juillet 2024 - 15 € ; étr. 16 €)
284 Vivre, quel plaisir ! (octobre 2024 - 15 € ; étr. 16 €)

DERNIERS HORS-SÉRIE DISPONIBLES :

234 HS Habiter la terre, un regard spirituel sur l'écologie (18 € ; étr. 21 €)
238 HS *Management* et spiritualité, l'épreuve de la responsabilité (18 € ; étr. 21 €)
242 HS L'Eucharistie, sacrement de la rencontre (18 € ; étr. 21 €)
250 HS Miséricordieux, un cœur proche des pauvres (18 € ; étr. 21 €)
266 HS L'écoute (18 € ; étr. 21 €)
270 HS Vivre en plénitude, heurs et malheurs de la vie intérieure (18 € ; étr. 21 €)
278 HS Avec la Bible, traverser les épreuves (19 € ; étr. 21 €)
282 HS La fraternité, une promesse blessée (19 € ; étr. 21 €)

Christus
Vivre l'expérience spirituelle aujourd'hui dans la tradition jésuite